삼성인 샐러리맨
삼성문화 대기업문화

❷ IMF 편

삼성인 샐러리맨
삼성문화 대기업문화
❷ IMF 편

ⓒ 장영수, 2019

개정판 1쇄 발행 2019년 9월 20일

지은이	장영수
펴낸이	이기봉
편집	좋은땅 편집팀
펴낸곳	도서출판 좋은땅
주소	서울 마포구 성지길 25 보광빌딩 2층
전화	02)374-8616~7
팩스	02)374-8614
이메일	gworldbook@naver.com
홈페이지	www.g-world.co.kr

ISBN   979-11-6435-661-4 (04330)
        979-11-6435-652-2 (04330) (세트)

이 도서의 국립중앙도서관 출판예정도서목록(CIP)은 서지정보유통지원시스템 홈페이지(http://seoji.nl.go.kr)와 국가자료공동목록시스템
(http://www.nl.go.kr/kolisnet)에서 이용하실 수 있습니다. (CIP제어번호 : CIP2019036338)

|삼성인의 탄생, 생존 비화|

삼성인 샐러리맨
삼성문화 대기업문화

❷ IMF 편

장영수 지음

삼성에서 근무한 8년 동안 있었던 일들을 일기처럼 생생하게 기록하였다

이 글을 통해 '일벌레', '회사인간', '충성심' 등으로 대변되는 '삼성인'이 어떻게 만들어지며,
조직 내에서 생존하기 위해서 하루하루를 얼마나 치열하게 살고 있는가를 알게 될 것이다.

좋은땅

직장생활 8년 동안 한 순간도 '삼성인'으로서 자부심을 잃지 않았던 내가 이른바 IMF시대 원년인 1998년의 어려운 상황 속에서 회사를 나오게 되었고, 이렇게 대기업 조직의 생리와 샐러리맨들의 애환을 담은 책을 내게 되었다. 글이라고는 일기 한번 제대로 써 본 적이 없는 내가 한 달여 만에 책 두 권을 쓴 것을 보면 나름대로 할 말이 많았던 것 같다.

제1권 '삼성인, 삼성문화'에서는 삼성의 경쟁력에 있어서 기본이 되는 삼성문화와 삼성인에 대해서 소개하고, 이른바 일류 기업인 삼성에서도 꼭 극복해야 할 과제가 많음을 보이고자 하였다. 제2권 'IMF'에서는 IMF 구제금융 체제하에서 하나의 조직이 생존하기 위해서 어떻게 변화하였으며, 그런 상황에서 샐러리맨들의 의식세계가 얼마나 위축되는지를 그려 보았다. 올해 들어서 경기가 좋아지는 기미가 보이자 불과 1년 전의 일이 아득하게 느껴지는 듯도 한 모양이지만 1998년의 모든 상황은 앞날을 위해서라도 기록으로 남겨 두어야겠다는 생각이 들었다. 내가 겪었던 일들은 아마 대한민국의 모든 샐러리맨들이 공통적으로 경험하고 느끼는 일이겠기 때문이다.

▌왜 '삼성'인가?

　많은 대기업 중에서도 하필이면 왜 '삼성'인가 하는 의문에 대해서는 먼저 글을 쓴 내가 삼성에서 일을 하다가 나온 사람이라는 점을 숨길 수 없다. 그동안 많은 사람들이 삼성에 대해서 이야기하는 것을 들어왔다. 그리고 '삼성인'은 대체 어떻게 만들어지기에 그렇게 조직에 순응하는지 궁금해하는 것을 많이 보아 왔다. 그러나 사람들은 정작 삼성의 참모습에 대해서는 너무도 모르고 있다. '삼성은 세계적인 경쟁력을 가진 기업이다.' '자기들만이 무엇이든지 잘할 수 있다고 믿는 독선적인 기업이다.' 등의 의견으로 나뉘어 왈가왈부하지만 조금만 깊이 들어가면 삼성이 진짜 경쟁력을 가지고 있는지, 무엇이 문제인지에 대해서 아무것도 말하지 못한다. 이러한 세간의 궁금증을 풀어주는 데 있어 8년간의 삼성생활이 그리 부족한 시간은 아니리라고 믿는다.

▌일상의 작은 일이 소중한 것

　이 글은 거창한 이론을 바탕으로 하지도 않았고, 화려한 문장력이 뒷받침된 것도 아니다. '나'라고 하는 평범한 한 개인이 그동안 보고 듣고 경험했던 일, 동료들이 고민하던 일들을 있는 그대로 옮겼을 뿐이다. 그러면서도 내가 이 글에 대해서 자부심을 가지고 있는 까닭은 작은 것들을 모아 놓은 것이 오히려 많은 사람들의 공감과 큰 변화를 이끌어 낼 수 있는 저력을 가지고 있다고 믿기 때문이다. '대기업 병'이라는 것도 그저 관념적인 이론이나 우리의 현실과는 거리가 있는 외국의 사례들로 접근한다면 그것을 자신의 일로 실감하고 자신의 일상생활로 인식하기가 힘들다. 그동안 조직이 이렇게 저렇게 변해야 한다고 큰소리치던 많은 기업의 경영자들에게 이 책이 자신과 자신의 조직이 대기업 병의 한가운데에서 헤어나지 못하고 있는 모습을 직시할 수 있는 계기가 되기를 바라는 마음 간절하다.

▍실직자들의 상처를 치유한다

또 하나는 이 시대의 수많은 실직자들에게 자신의 과거를 되돌아보게 하고, 다시 인생을 시작할 수 있는 힘을 얻기 위해서 반드시 필요한 '마음의 병을 치유'하는 데 조금이라도 도움을 주고 싶었다. 내가 그랬던 것처럼 직장을 떠난 수많은 실직자들이 게으르고, 남에게 피해를 주고, 조직에 제대로 적응하지 못해서 실직당했다는 말은 더 이상 듣지 않아야 한다. 일반 독자들은 이 책을 통해서 너무나도 평범하고, 그저 조직에 순종하는 것밖에 모르고 열심히 일해 온 사람들을 내보낸 '기업'이라는 존재도 실상은 완벽하지 못하며, 비합리적이고 부조리한 점이 많다는 사실을 알게 될 것이다.

▍삼성이 잘하는 일이 더 많아

삼성은 자타가 공인하는 국내 최고의 기업으로서 오랫동안 가장 좋은 기업 이미지를 유지해 온 것이 사실이고, 내실면에서도 많은 분야에서 경쟁력을 보유하고 있다.

내가 몸담고 있었던 삼성생명만 하더라도 70% 이상이 바람직한 모습이고 나머지 30%에 못 미치는 부분이 반성을 필요로 하는 부분이다. 그럼에도 이 글이 주로 비판적인 시각을 견지하고 있는 것은 독자들이 이 글을 읽고 나서 국내 최고의 기업인 삼성이 이 정도로 많은 문제점들을 안고 있다면 다른 기업들도 현재의 경쟁력으로는 적자생존의 세계무대에서 살아남기 힘들고, 그것을 극복하기 위해서는 뼈를 깎는 듯한 아픔과 반성이 필요하다는 것을 알아주었으면 하고 생각했기 때문이다.

▮ '비판'은 반드시 필요한 것

'비판'이라는 것을 부정적인 시각만으로만 보지 말아야 한다. 미국에서는 대통령도 스캔들이 있으면 그것을 철저하게 파헤치고 마음껏 풍자하는 것이 가능하다. 그리고 그런 사실이 전 세계에 상세히 보도되어도 부끄럽지 않게 생각하는 국민이 더 많은 것 같다. 그런 폭로와 비판이 무슨 이득을 가져왔는가 하는 질문에는 '법 앞에서는 모두가 평등하며, 대통령이라도 예외가 될 수 없다.'라는 값진 교훈을 얻은 것만으로도 충분하다고 대답하고 싶다.

이 책과 같이 기업에 대해서 신랄하게 비판한 글이 몇 년 전에, 몇 번이고 반복해서 나왔더라면 현재의 많은 잘못들이 발생하지 않았거나 훨씬 줄었을지도 모른다. 향후에는 'H제국' 'D왕국' 등의 제목이 달린 책들이 나오더라도 금기시하거나 특별히 관심을 끌지 않는 시대가 오기를 바란다. 앞으로는 모든 기업의 경영이 투명해야 하며, 그러기 위해서는 베일을 벗는 것을 꺼려해서는 안 된다고 본다.

▌모든 분들께 감사를

직장생활 8년 동안 단 한 번도 바가지를 긁지 않았고, 회사를 그만두었다는 소식을 듣고도 "함께 김밥 장사라도 하면 되겠지요. 용기를 내세요."라며 위로를 해 주었던 아내와 "네가 하고 싶다면 무슨 어려움이 있더라도 책을 출판해야지." 하고 격려해 주신 가족과 친지들, 그리고 동문과 고향 친구들 모두에게 감사의 말씀을 드린다.

마지막으로 이 글을 보고 처음에는 당황도 했겠지만 끝까지 합리적인 판단과 냉정한 자세를 잃지 않고 대응해 주신 삼성생명에 계신 분들께도 감사를 드린다. 책의 내용에 대해서는 모든 것을 독자들의 판단에 맡기고, 10년, 20년이 지나서 어떠한 평가가 나올까에 대해서도 겸허한 마음으로 기다리고자 한다.

1999년 3월 장영수

차례

제2부 삼성 자동차

제4부　투자 부서에서

1998년 9월 14일

1차 희망퇴직을 마감했다는 것이지, 2차 희망퇴직을 계속 할지 안 할지는 아무도 모르는 일이었다. 오늘 사표를 내지 않으면 적어도 상당한 기간 동안은 살아남을 수 있을 것도 같았는데 단 한 가지, 모든 것이 투명하지 못하다는 것이 마음에 걸렸다.

▌통근버스 기사의 마지막 인사

1998년 9월 14일 월요일, 이 날도 여느 때와 마찬가지로 새벽 5시 40분에 기상하여 세수를 한 후 현관문을 나섰다. 사원 아파트 앞 대로변에 주차되어 있는 삼성생명 통근버스를 타고 삼성생명 본사 건물까지 가는 20여 분 동안 마음은 무척 착잡했다. 아직 아무에게도 말하지 않았지만 그날 오전 중으로 8년 동안 다니던 회사에 사직서를 내리라는 생각에 내 머릿속은 매우 어지러웠다.

삼성생명 사원 아파트에 사는 이웃 사원들도 어느 날 갑자기 내가 보이지 않는다는 사실을 알게 될 것이고, 내가 이번 구조조정에 의해서 잘렸다는 소문을 들을 것이다.

아파트의 아줌마들은 집사람에게 전화를 해서 '우리 남편이 그러는데, 아

저씨가 실력이 없어 그렇게 된 것이 아니라 운이 없어서 그렇게 되었대요.'
라며 위로를 할 것이다. 좌석에 기대어 눈을 감은 채 이런저런 생각에 잠겨
있는데 버스가 남대문 앞에서 크게 회전을 하는 바람에 눈을 떴다. 한 건물
의 대형 전광판에 '삼성이 만들면 다릅니다.'라는 삼성 자동차 광고가 번쩍
이고 있었다. 이윽고 버스가 삼성생명 건물을 약 50미터 앞에 두고 있었 을
때 버스 운전기사가 마이크로 인사를 했다. "오늘이 여러분을 모셔다 드리
는 마지막 날입니다. 몇십 년 동안 일하던 정든 직장을 떠나게 되었습니다.
그동안 최선을 다했지만 아직도 소임을 못다 하고 떠난다는 죄송한 마음이
듭니다……"

　1998년 9월 14일은 국내 최대의 생명보험회사, 자산이 32조에 달하고 재
무 상태가 가장 튼튼한 삼성생명에서 제1차 희망 퇴직 신청을 마감하는 날
이었다.

▎ 자랑스러운 '우리의 노래'

　아침 조회방송에 이어서 삼성그룹의 노래인 '우리의 노래'가 울려퍼지자
전 사원이 일어서서 부동자세를 취했고 나도 노래가 끝날 때까지 서 있었
다. '우리의 노래'는 약 3, 4년 전에 새로 만들어졌는데, 삼성마크와 함께 잘
만들었다고 자랑스럽게 생각하던 것 중의 하나이다. 삼성마크와 '우리의 노
래'가 새로 만들어졌을 때 마치 자신의 일처럼 기뻐하던 때가 엊그제 같다.

▍하루 만에 바뀐 감원 정책

부장에게 회사를 그만두겠다는 말을 하려고 기회를 엿보고 있었지만 월요일 아침에 열리는 많은 회의 탓인지 부장은 계속 자리를 비우고 없었다. 이리저리 시간을 보내고 있다가 옆 부서 여사원이 한 남자 사원에게 하는 충격적인 말을 들었다. 지난 토요일부터 회사의 명예퇴직에 대한 정책이 급변했다는 것이었다.

그동안 약 30%의 인원을 감축시킬 것이라는 소문 속에서 전 사원들이 가슴을 졸이고 있었는데 지난 토요일부터 회사측에서 더 이상 명예퇴직 신청을 받지 않는다고 하였다. 가장 큰 이유는 여사원들의 사표 제출률이 예상한 수준을 웃돌았기 때문이라는 것이었다. 그 이야기를 옆에서 듣고 있자니 마음이 혼란스러웠다. 회사측에서는 오늘까지 총 열흘 동안을 1차 희망퇴직 기간으로 정했었고, 2차 희망 퇴직시에는 1차에 비해 위로금을 3개월씩 깎아서 지급하겠다며 1차 희망퇴직을 유도해 왔었는데, 갑자기 태도가 변해버렸으니 뭐가 뭔지 종잡을 수가 없었다. 1차 희망퇴직을 마감했다는 것이지, 2차 희망퇴직을 계속 할지 안 할지는 아무도 모르는 일이었다. 오늘 사표를 내지 않으면 적어도 상당한 기간 동안은 살아남을 수 있을 것도 같았는데 단 한 가지, 모든 것이 투명하지 못하다는 것이 마음에 걸렸다. 내 인생의 아주 많은 것을 좌우하게 될지도 모르는 중대한 뉴스가 하필이면 사표를 내기로 결심한 명예퇴직 신청 마지막 날 아침에야 들어올 것이 무언가 싶었다. 그 시간 이후의 1년, 2년도 생각했고 부모님부터 시작하여 내가 아는 모든 사람들의 얼굴도 스쳐 지나갔다. 약 30분 정도 고민하고 있는데 부장이 자리로 돌아왔다. 그 순간 나의 결심은 굳어 가고 있었다.

▎ 그날 하루만 본다면 내지 않아도 되는 사표를 냈다

부장과 임원은 사표를 내지 말기를 권유했다. 이미 충분히 고민했고 마음을 굳혔음을 설명하자 인사 부서와 상의해 보겠으니 기다리라고 하였다.

잠시 후 부장에게 갔더니 사직서를 준비해 놓고 있었다. 부장은 퇴직 날짜를 10월 2일로 쓰고, 퇴직 사유를 '개인 사정'으로 쓰라는 두 가지 말만 했다.

사직서를 다 작성하고 부장에게 건네 주었다. 부장과 나눈 몇 마디는 삼성생명 감원 정책의 모든 것을 암시해 주는 듯했다.

"이제 사직서 받는 게 지긋지긋한데, 오늘 또 받아야 되네."

"앞으로 사직서 안 받아도 되는 날이 곧 오겠죠."

"내가 받는 것이 아니고, 당신이 내는 것이네."

"예, 앞으로 사직서 내지 않아도 되는 날이 오겠죠로 고치겠습니다."

"내지 않으면 되는데 당신이 내고 있는 것이잖아?"

1998년 9월 14일 하루만 본다면 분명히 내지 않아도 되는 사직서를 내가 우겨서 낸 것이다. 부장과 임원의 만류를 뿌리치고 말이다.

'삼성생명'이라는 회사

지금 와서 생각해 보면 그동안 내가 본 삼성생명의 화려한 모습들이 무슨 소용이 있
나 싶기도 하다. 이제는 무너지고 흩어진 그 조각들을 하루라도 빨리 추스리고 다시
일으켜 세워야 할 때라고 생각한다.

▌90년대가 보험의 시대라는 나의 예측은 맞았는데

　나는 1990년 12월 삼성에 입사했고, 그룹 차원의 연수가 끝나고 회사 배
치 면담을 할 때 '삼성생명'에 입사하기를 희망했었다. 그리고 삼성생명에
입사한 후 단 한 번도 회사에 대해서 실망을 한 적도, 후회를 한 적도 없었
다. 그만큼 삼성생명은 '크고 좋으면서 힘있는 회사'였다. 내가 삼성생명을
택한 이유는 '1960년대에는 은행, 1970년대에는 종합상사, 1980년대에는 증
권사가 최고의 업종이었으나, 1990년대에는 보험의 시대가 올 것이다.'라는
말을 믿었기 때문이었고 실제로 나의 기대대로 모든 것이 순조롭게 흘러갔
다. 삼성생명이 남긴 발자취는 타의 추종을 불허할 정도로 빛났고 그 회사
사원 중의 한 명인 나도 대단한 자부심을 가지고 있었다.

▎삼성생명에 대한 미련

삼성생명은 내가 자부심을 지니기에 충분했고 회사를 떠나면서도 쉽게 미련을 떨치지 못할 정도의 화려한 면모를 가지고 있는 회사임에 틀림없다. 그동안 여기에 다 쓸 수 없을 정도의 수식어들을 보고, 들어왔다.

- 제2금융권 최초로 총자산 30조 원 달성
- 자산, 신계약, 보유계약, 수입 보험료 등의 실적이 30여 개 사가 있는 생보업계 전체 실적의 30% 이상 점유
- 《포춘》지가 선정한 '세계 5백대 기업' 중 212위를 차지(국내 금융기관 중 유일)
- 세계 생보사 중 매출액 기준 17위
- 21세기에는 계약자 1천만 명, 총자산 70조의 세계 10대 생보사로 도약
- 삼성생명 주식은 주당 16만 원으로 추정
- '생보사 경영평가'에서 13년 연속 최우수 생보사에 선정
- '능률협회 컨설팅 제안대상' 수상
- '기업문화 대통령상' 수상
- 삼성생명, 생보사 중 기업 이미지 으뜸
- '고객만족도 1위 기업' 선정
- 삼성생명, 생보사 중 민원 최소
- '고객만족경영' 선언
- 한국을 대표하는 세계적 기업
- 고객에게 기쁨을 주는 국민적 기업

• 꿈을 실천하는 창조적 기업

이와 같은 발자취와 향후의 꿈들이 1998년 들어 나의 마음에서 조금씩 무너져 내렸다. 구조조정과 자동차 판매, 고객에 대한 과도한 대응, 그리고 그에 따른 조직의 위축과 사원들의 사기 저하를 보고는 '이런 것이 바로 경영 위기구나!' 하는 것을 느끼게 되었다. 지금 와서 생각해 보면 그동안 내가 본 삼성생명의 화려한 모습들이 무슨 소용이 있나 싶기도 하다. 이제는 무너지고 흩어진 그 조각들을 하루라도 빨리 추스르고 다시 일으켜 세워야 할 때라고 생각한다.

두 번 다시 조직 생활은 못할 사람

연초에 옮긴 투자관련 부서에서는 비효율과 무책임의 모습을 보았다. 다음으로 옮긴 융자관련 부서에서는 고객의 입장보다는 회사만 살아남기 위해서 몸부림치는 모습을 보았다. 그리고 마지막으로 구조조정의 아픔을 맛보아야만 했다.

▌ 좋은 데 있으면 나도……

사직서를 내고 나니 이제 할 일은 딱 한 가지, 즉 그동안 신세를 졌던 사람들에게 전자메일로 인사를 하는 것만 남았다. 별로 좋은 인사도 아니고 해서 지난 1년간 내가 머문 부서에만 인사의 글을 띄웠다. 현재 부서와 직전 부서에는 후배들에게만 작별의 술을 한잔 사겠다고 덧붙였으며 현재 부서는 오늘, 그리고 그전에 근무하던 부서원과는 내일 저녁에 간단히 맥주나 한잔하자고 했다. 전자메일을 보내고 나자 퇴근 전에 많은 사람들로부터 전화가 걸려 왔다. 간단하게 인사만 한 사람도 있었고, 잠깐 보자고 한 사람도 있었다. 그들의 공통된 질문은 '어디 갈 데가 있어서 그만두었느냐?'는 것이었다. 알아보고 있는데, 금방 잘 될 것 같다는 거짓말을 했다. 다들 농담을 했겠지만 열이면 열 모든 사람들이 좋은 데 있으면 자기 자리도 알아봐 달라고 했다. 농담이라도 이런 말이 정형화된 인사말로 통할 정도의 시대가 되었는가 싶었다. 그런데 그중 진로에 대해서 조금이라도 고민하고 있는 사람들은 꽤 진지한 자세로 갈 만한 데가 어디냐고 물었다. 계속 캐묻는 사람이 꽤 되는 바람에 거짓말하느라고 혼쭐이 났었다.

▌두 번 다시 조직 생활은 못할 사람

사실 나는 마음속으로 앞으로 죽으면 죽었지 직장 생활은 다시 하지 않겠다는 다짐을 하고 있었다. 1998년 들어서 내가 삼성생명에서 보고 느낀 것들은 이루 말로 표현할 수 없는 악몽이었다. 연초에 옮긴 투자관련 부서에서는 비효율과 무책임의 모습을 보았다. 다음으로 옮긴 융자관련 부서에서는 고객의 입장보다는 회사만 살아남기 위해서 몸부림치는 모습을 보았다. 그리고 마지막으로 구조조정의 아픔을 맛보아야만 했다.

나는 이제 라면집을 차리는 한이 있더라도 직장 생활은 꿈에서조차도 생각하고 싶지 않다. 조직 생활이라면 치를 떠는 사람이 되어 버린 것이다.

구조조정의 먹구름

제일기획이 무급 휴직을 몇 명 했느니, 삼성물산 건설 부문에서 몇 명이 잘렸느니, 삼
성전자에서 몇 명이 감원되었느니 하는 뉴스들은 머지않아 삼성생명에도 감원의 바
람이 불어올 것이라는 전조였다.

▌삼성생명은 괜찮냐?

　1997년 말 IMF체제로 들어간 후 중소기업들부터 도산하기 시작했는데 그
때 삼성에도 위기가 닥친다는 말을 들었었다. 연말에 고향에 있는 친구로부
터 전화를 받은 적이 있다. 몇 마디 나누고 나서 그 친구가 대뜸 '삼성생명은
괜찮냐?'고 걱정스레 묻는 것이었다. 하도 어이가 없어서 대답도 못하고 있
는데, '삼성이 다 망하고 있는데 삼성생명도 위험하지 않느냐?'며 재우쳐 물
었다. 솔직히 말해서 삼성생명에 대해서는 말할 필요도 없고, 삼성에 대해
서도 심각하게 생각한 적이 없었다. 아침 회의에서 사원들에게 그 이야기를
하자 밖에서는 IMF가 재벌들의 과잉투자 때문에 초래되었다고 믿는데다가
삼성 자동차 문제로 다들 삼성에 대해 감정이 좋지 않아 그런 소문이 돌고
있다는 것이었다. 그리고 삼성 자동차 때문에 그룹도 어려운 것은 사실이라

고 했다. 얼마 후 이번에는 삼성중공업이 부도가 났다는 소문이 떠돌았다. 1차 부도까지 갔었는데 정부에서 은행에 압력을 넣어 살려 주었다고 했다. 그렇지 않아도 경제위기로 민심이 흉흉한데 국내 굴지의 재벌 삼성 계열사마저 부도가 나면 우리나라에 믿을 수 있는 기업이 어디 있겠느냐는 외국인의 시각과 국민들의 불안심리를 부추긴다는 우려 때문에 정부에서 삼성 중공업 부도를 방관할 수 없었다는 말을 들었다. 또 얼마 후에는 '삼성생명도 위험하다.'라는 말이 나돌았다. 삼성생명에서 IMF를 이유로 12월 보너스에서 100%를 삭감하자 영업소장들의 불만을 샀고, 그 소문이 설계사들에게도 알려지면서 '삼성생명이 돈이 없어서 직원들 보너스도 못 주었다.'라는 소문이 꽤 널리 퍼졌던 것이다.

▌ 구조조정의 시대

연초에는 은행권의 고금리 상품으로 돈이 몰리면서 생명보험 상품에 대한 해약이 늘어나 큰 위기가 오기도 했지만, 보험 영업 부문의 경쟁력과 영업소 소장과 설계사들의 땀과 노력으로 어려운 사태를 잘 넘길 수 있었다.

그러나 생명보험 업계의 위기가 다 끝난 것은 아닌 것 같았 다. 이제까지는 평소에 알던 사람이 설계사로서 찾아와 보험 을 권유하면 마지못해서 하나 가입해 주는 식의 보험영업이 잘 되어 왔지만 지금은 상황이 달라졌기 때문이다. 아는 사람의 보험가입 권유를 뿌리쳐도 전혀 미안스럽지 않을 만큼 변명할 거리가 많은데다가 실직되면 당장 보험부터 해약해야 하는 까닭이었다. 장기적으로 보험업계에도 위기가 오리라는 판단하에 삼성생명에서도 구조조정에 대비하고 있을 것이라고 짐작하고 있었다. 제일기획이 무급 휴직을 몇 명 했느니, 삼성물산 건설 부문에서 몇 명이 잘렸느니, 삼성전자에서 몇 명이 감원되었느니 하는 뉴스들은 머지않아 삼성생명에도 감원의 바람이 불어올 것이라는 전조였다.

▌ 4월의 구조조정은 '나의 일'이 아니었다

친구들을 만나보아도 삼성생명에서 감원을 했으리라고는 생각하지 않는 것 같았다. 왜냐하면 대한민국 기업들이 다 감원을 해도 삼성생명만큼은 끄떡없을 정도로 경영 상태가 양호하다고 믿고들 있었기 때문이다. 그러나 1998년 4월, 삼성생명에서는 지역본부를 중심으로 조용하게 감원 작업이 진행되었다. 내가 아는 것은, 4월에 단행한 감원은 본격적인 구조조정이 아니며, 그 규모는 약 3백 명 정도였다는 것이다. 위로금은 7년 이상 된 사람은 기본급의 12개월분, 그 이하는 기본급의 9개월분이라고 들었다. 기본급의 12개월분이라면 초임 과장이 1천 8백만 원 정도, 6년 된 대리라면 천만 원이 채 안 되는 것 같다. 한 가지 확실한 것은 4월의 감원은 본사에 있어서만큼은 남의 일이었다는 것이다. 4월의 감원을 보았지만 사원들은 그 누구도 자신에게까지 그런 감원의 태풍이 다가오리라고 심각하게 걱정하는 사람은 없었다.

▌사원들의 불안감

7월 무렵이었다고 기억된다. 나에게도 구조조정에 관한 전자메일이 하나 들어왔다. 삼성의 한 관계사에서 시작된 이메일은 진실 여부를 떠나서 구조조정에 대하여 사원들이 얼마 만큼 걱정을 많이 하고 있는지 보여 주는 좋은 사례라고 생각된다. 그 전자메일의 내용은 이러했다.

- 조만간 타 관계사에도 영향을 미치겠군요. 흑흑……. 우리 모두 미리미리 마음의 준비를 합시다.
- 삼성전기에서는 삼성차 신청한 사람이 정리되었다고 하니, 차 사신 분들 너무 믿지 말고 열심히 일하셔야겠구만요.
- 98년도 하반기 삼성전자 경영이사회 회의에서 인원 구조조정을 실시키로 '한마음노사협의회'와 합의를 했는데 임원급 30%, 간부급 50%, 사원급 10%를 감축키로 했답니다.
- 그리고 임직원들의 복지 향상을 위해 7년 이상 근무한 직원들에게 노후연금을 지급했던 것과 회사 50%, 개인 50% 부담했던 개인연금을 사실상 폐지키로 하였습니다.
- 본 안건은 7월 25일자 삼성전자 전자게시판에 등재된 내용입니다.

다른 내용은 관심 밖이고 감원의 폭이 제일 중요했는데, 임원이 30%인데 비해 간부를 50%나 감원한다는 것은 말이 안 되었다. 나는 다른 사원들에게 임원 50%, 간부 30%라는 말이 와전되었을 것이라고 이야기했다. 당연히 임원급이 가장 많이, 다음으로 간부, 다음으로 사원의 순서로 감원되어야 한다고 말했다. 나중에 신문 등 언론 기사를 보고 나서야 위의 숫자는 잘못 판단한 것이었음을 알 수 있었다. 간부가 50%가 아니라 20%로 생각하는 것이 정확할 것 같았다. 회사에서 정확한 숫자를 알려 주지 않으니 아무리 헛소문이라도 믿어야 할지 안 믿어야 할지 갈피를 못 잡는 것이다.

퇴직하는 임원에 대한 동정은 사치

후배들도 마찬가지이다. 결혼한 지 1년 만에, 애기가 아직 백일도 안 되었는데 회사를 그만둔다면 앞으로 넘어야 하는 산이 도대체 얼마나 많을까? 몇백 명씩 행해지는 기업의 구조조정에서 단 한 명의 사원이라도 더 살아남도록 지혜를 짜고 노력을 다해야 하는 이유가 바로 여기에 있는 것이다.

▌삼성식 감원

이때쯤 삼성의 구조조정에 대해 언론에서도 가끔씩 기사를 썼다. 주된 내용은 한 신문에 실린 아래의 내용에서 크게 벗어나지 않는다.

• 현대그룹이 현대 자동차 정리해고 문제로 온 나라를 떠들썩하게 만드는 데 비해 삼성에서는 아주 소리 소문 없이 조용하게 감원을 진행 중이다.

• 규모는 직원의 10~30%, 임원의 10~50% 수준으로 임원들이 면담을 통해 감원을 개별 통보하고 있다.

• 삼성은 분사(分社) 등의 방법을 최대한 활용, 감원이 곧 실직은 아니라는 점도 강조하고 있다. 또 정리해고라는 말은 극력 피하며 희망퇴직

이란 단어를 고집한다.

- 삼성의 전체 감원 규모는 추정부터가 어렵다. 최대 3만 5천 명에 이른 다는 추정도 있으나, 감원 숫자는 절대 비밀이므로 알 수가 없다.

8월에 접어들면서 감원에 대한 말들은 조금씩 구체화되었으며, 만나는 사원마다 자기도 해당될지 모른다고 우려하기 시작했다. 그래도 8월까지 삼성생명에서는 감원 규모가 10~15%가 될 것이라는 말이 가장 많았다. 많아야 천 5백 명 선이 될 것이고 4월에 실시한 3백 명도 포함되기 때문에 그나마 삼성생명은 다른 관계사에 비해서 심각하지 않다고들 생각했다.

▌회사를 옮기면 파리목숨

올해 초 타사에서 삼성생명으로 옮겨온 사원들이 약 80명 정도 된다는 말을 들었다. 그들은 재무구조가 더 좋은 삼성생명으로 옮겨왔으니 다행이라는 말도 있다. 그러나 그 사원들의 말을 들어보면 꼭 그렇지도 않은 것 같다. 보험회사 영업소에서 특정 보직 없이 영업을 배운다며 하루하루 지내는 것이 보통 어려운 일이 아니라고 한다. 본사에 배치받은 사원들도 매일 밤 10시, 11시에 일을 마치고 집에 가니, 가정생활이 없어졌다며 너무 힘들어했다.

어찌 보면 삼성생명 출신 사원들도 영업소에서 보직 없이 교육을 잘 받고 있고, 관리 부서에서 몇 년간 10시, 11시에 퇴근하는데 그것을 견디지 못하는 사람이 이상해 보일 수도 있다.

그러나 똑같은 환경 속에서도 자신의 정체성을 확인하면서, 주위 사람들과의 믿음과 교감을 이루는 것과 그렇지 않고 막연한 두려움 속에서 일하는 것이 얼마나 큰 차이가 나는지를 보여 주는 것이라고 생각한다.

어쨌든 가끔씩 말이라도 '타사에서 온 80명만큼 삼성생명 사람이 더 나가야 하는 것 아니냐?'고 묻는 삼성생명 사람들이나, 하루아침에 삼성생명으로 직장을 옮겨왔다가 적응을 하지 못해서 회사를 그만두는 타사 출신 사람들이나 똑같은 피해자임에는 틀림없었다.

▮ 열심히 일하지 않은 임원이 어디 있나

그때를 즈음해서 임원에 대한 감원 발표가 있으면 곧이어서 조직개편과 사원에 대한 감원이 잇따를 것이라는 소문이 떠돌았다. 그래서 다들 임원의 감원 발표가 나오기를 숨죽여 기다렸다. 예상대로 임원은 30%에 약간 못 미치는 수준에서 감원이 확정되었다.

삼성생명이 그렇게 경영 상태가 나쁘지도 않은데 평생을 회사를 위해 몸 바쳐 온 임원들을 잘라 내는 것을 보고는 남의 일 같지가 않았다. 한 임원의 옛날 모습이 자꾸 떠올랐다. 일본의 모 생명보험회사와 유대관계를 깊게 한다고 지방 도시에 내려가서 행사를 한 적이 있었다. 저녁 때에는 회식이 있었는데, 분위기가 썰렁하자 임원이 직접 나섰다. 대접으로 자신이 먼저 소주를 마신 후에 한 잔씩 쭉 돌렸다. 그리고 그 임원은 코 밑에 미역을 콧수염처럼 붙이고 등에는 그릇을 넣고 곱추춤을 추었다. 새파란 나이의 일본 사람들이 배꼽을 잡고 웃어 댔다. 내가 웬지 자존심이 상했다. 그 임원을 비롯한 삼성생명의 임원들은 부하 사원들이 술을 잘 안 마시면 자신부터 소주를 두세 병씩 마셨으며, 응원을 할 때에도 웃통을 벗거나 우스꽝스러운 행동을 곧잘 하곤 했다. 이것은 업무 외적인 일이고, 업무에 관한 한 임원들이 회사를 위해서 자기 자신과 가족들을 희생시켜 온 것은 두말할 필요도 없다. 그 후로 회식 장소에 이런저런 핑계를 구실삼아 자주 빠지는 신입사원을 볼 때면 그 임원의 곱추춤 생각이 자주 떠오르곤 했다.

감원을 보고 사원들이 하는 말은 이러했다.

"모 임원, 모 임원은 회사를 위해 정말로 열심히 일했었는데⋯⋯."

"우리 회사 임원 중에서 열심히 일 안 한 사람이 어디 있어!"

▌퇴직하는 임원에 대한 동정은 사치

그러나 퇴직당하는 임원에 대한 동정은 어쩌면 사치인지도 모른다는 생각이 들었다. 임원 나이를 45~55세로 볼 때에 벌써 자녀들이 대학에 갔거나 빠르면 사회 진출을 했을 것이다. 최소한 집은 한 채 있을 것이며, 그동안 대기업 부장과 임원을 거치면서 유·무형의 사회적 지위에 대한 대우도 받았을 것이다.

거기에 비해 사원들은 어떠한가? 내가 직장생활을 거의 8년이나 했는데, 모아 놓은 재산이라고는 얼마 안 된다. 일곱 살인 첫째 아이가 유치원 다니고 있고, 네 살인 둘째 아이가 내년부터 유치원에 들어갈 것이다. 이들을 키울 것을 생각하면 앞이 깜깜하다. 당장 먹고 살 걱정이 앞서고, 혹시 장사를 시작해서 돈을 조금 번다 하더라도 내 아들과 딸이 아빠의 직업에 대해서,

삼성에 다니는 과장과 분식집을 운영하는 아저씨와의 차이에 대해서 알게 되다면 어떨까 하고 생각하니 억장이 무너지는 느낌이다.

후배들도 마찬가지이다. 결혼한 지 1년 만에, 애기가 아직 백일도 안 되었는데 회사를 그만둔다면 앞으로 넘어야 하는 산이 도대체 얼마나 많을까? 몇백 명씩 행해지는 기업의 구조 조정에서 단 한 명의 사원이라도 더 살아남도록 지혜를 짜고 노력을 다해야 하는 이유가 바로 여기에 있는 것이다. 나도 또한 얼마나 행복한 고민을 하고 있는지 모른다. 지금 대학을 갓 졸업한 사람들이나 졸업 예정자들이 우리 세대를 보는 눈은 우리 세대가 임원급을 보는 눈과 비슷하지 않을까. 우리는 그래도 삼성이라는 큰 회사에 들어와서 그동안 당당히 회사를 다녔고, 절약하여 돈도 조금 모았으며 퇴직금과 얼마 안 되지만 위로금도 받아 나가지 않는가? 그런데 지금 수많은 젊은이들이 아까운 청춘과 학비를 들이고서도 직장의 문턱에도 못 가 본 채 실의에 빠져 있지 않은가? 다행히 인턴 사원으로 임시 채용되더라도 월급이 50만 원을 넘지 못한다. 신문에서 보았는데, 어느 여자 졸업 예정자는 단돈 5만 원을 월급으로 받고도 일을 배운다는 것을 위안으로 삼고 열심히 일하고 있었다.

아무튼 임원들의 퇴직에 대해서 안되었다고 동정하는 것은 사치라고 볼 수 있다.

구조조정 발표

92년도 삼성생명의 자산이 15조 원 수준이었고 지금은 자산이 32조 원 수준인데, 나머지 17조 원은 내버리겠다는 말은 하지 않았다. 즉, 자산은 줄일 수 없고 직원만 줄이겠다는 것이었다.

▌92년으로 돌아가라

사원들에 대한 감원 발표가 오늘 내일로 임박했다고 생각할 즈음인 9월 3일 아침 7시 30분에 9월 정례 조회가 있었다. 평소에는 정례 조회에 내려가기 싫어하던 사원들도 혹시 사장의 조회사에 감원과 관련된 무슨 발표가 있을지 모른다는 생각으로 모두들 자진해서 1층 조회 장소로 내려갔다. 귀를 세워서 들어보아도 특별한 내용은 없었다. 경제가 어렵고 모든 것이 과거 언제 수준으로 돌아갔다는 식의, 감원과는 전혀 관계없는 내용이었다. 그런데 그날 오전부터 부서별로 감원에 대한 전격적인 발표가 잇따랐다. 그리고 그때서야 아침에 있었던 사장의 조회사에 감원에 대한 아주 강한 메시지가 숨어 있었음을 알 수 있었다. 직장인들의 생명이 왔다갔다하는 내용이어서인지 소문은 빨랐는데, 놀랍게도 감원의 폭이 30%나 된다는 것이었다.

도대체 30%라는 숫자가 어디서 나왔는지 물어보니 사장의 조회사에 '우리나라 국민소득이 92년 수준으로 돌아갔으니 우리의 모든 것을 92년 수준에 맞추어야 한다.'는 내용이 있었고, 92년 당시 우리 회사의 직원수를 거꾸로 환산해 보면 30%의 감원은 불가피하다는 것이었다. 사원들은 이제까지의 감원에 대한 걱정과는 강도가 다른, 그야말로 피부에 와닿는 걱정을 해야만 했다. 어제까지 사원들이 각오한 감원의 수준은 10~15%였는데, 오늘 아침에 자고 일어나 보니 그의 2~3배에 이르는 30%가 된 것이었다. 그 '92년 수준' 때문에 자신이 감원 30% 수준 내에 들어갈지 모른다는 걱정을 하게 된 사원이 50~60%에 이르게 되었고, 어디를 가나 사원들은 걱정과 불만을 동시에 토로하는 모습이었다. 어떻게 굴지의 삼성그룹에서, 대한민국 최대 생보사의 사장이 '국민소득이 92년 수준으로 돌아갔으니, 직원들도 그때 수준으로 줄이자.'라는 말을 공식석상에서 할 수 있는지 믿어지지가 않았다. 단 한 명의 실업자가 지금부터 몇 년 동안 품어야 할 고통의 양이, 그 아픔의 지수가 얼마나 큰지를 생각이라도 해 보았다면 그런 발언은 지나치다고 생각했다.

내가 이렇게까지 말하는 까닭은 그런 유의 발상이 너무도 위험하고 무책임한 것이기 때문이다. 만일 대통령이 그런 발상을 했다면 '국민소득이 92년으로 돌아갔으니 우리나라 인구도 92년 수준으로 줄이겠습니다.'라고 말하는 것과 같다. 나머지는 외국으로 가든지, 스스로 목숨을 끊든지 알아서 하라는 것이 된다.

92년도 삼성생명의 자산이 15조 원 수준이었고 지금은 자산이 32조 원 수준인데, 나머지 17조 원은 내버리겠다는 말은 하지 않았다. 즉, 자산은 줄일 수 없고 직원만 줄이겠다는 것이었다. 국민소득이 92년 수준으로 돌아갔다는 것은 달러로 환산했을 경우에 해당하는 수치인 듯하다. 인간의 존엄성이, 직장인들의 희망과 꿈들이 달러 가치의 등락에 의해서 좌우되어도 좋다고 믿는 사람이 있는 것처럼 보였다.

▌부서별 발표

감원 발표가 빠른 부서는 오전 중에 나왔는데, 내가 있던 부서에서는 오후 5시에 발표가 있었다. 모두 10층에 있는 회의실로 집합하라는 지시가 있었고, 약 1백 명에 달하는 부서원들은 속속 회의실로 들어갔다. 사업부장이 임원과 부장의 안내를 받으며 입장하자 장내는 조용해졌다. 이어서 사업부장의 발표가 있었다.

- 사장께서 조회사에서 말씀하셨듯이 우리나라는 금융을 비롯한 제반 상황이 위기에 직면해 있습니다. 여기에서 더 악화되면 80년 중반 수준으로까지 후퇴할 가능성도 있습니다.
- 작년 말 금융산업 종사자가 30만 명이었지만 금년 내로 10~15만 명으로 줄어들 것이 예상됩니다.
- 이런 가운데에서도 우리는 경쟁력을 확보해야 하며, 조기에 대비해야 한다는 취지에서 지난 달 임원을 30% 수준에서 명퇴시켰습니다.
- 우리가 장기적으로 경쟁력을 유지하기 위해서는 9천 5백 명에 이르는 임직원 숫자도 92년 상황으로 돌려놓아야 합니다.

- 여러분의 희망퇴직을 요청드립니다.
- 입사 23년 된 사람으로서 책임을 느낍니다.

의외로 발표는 간단했다. 사실 더 이상의 말이 필요없지 않겠는가 싶었다. 이어서 임원이 희망퇴직 세부사항에 대해 안내를 했다.

- 조회시 사장 말씀대로 개혁이 필요한 시점입니다.
- 작년 말까지도 위기를 실감 못했지만 IMF 체제 8~9개월이 지나고 나니 가장 안정적인 우리 회사도 존립의 기반이 흔들리고 있습니다.
- 성장 확대 정책의 실패로 우리는 IMF 후 80년대 수준으로 후퇴했고, 회복된다 하더라도 5년 이상은 걸릴 것입니다. 우리 회사의 부실자산은 ○○수준이고, 연말에는 더욱 증가할 것입니다.
- 다른 회사처럼 생산, 제조 시설을 갖추지 않은 우리 회사는 인력, 경비의 구조조정을 피할 수 없습니다. 그 일환으로 구조조정을 시작하게 되었습니다.
- 이번 인력조정은 희망퇴직제로 진행되는데 부장급에서부터 여사원까지 모두가 해당됩니다.
- 신청기간은 1차가 9월 14일까지이고, 2차가 9월 19일부터 29일까지입니다. 1차 희망퇴직자에게는 ○○를 지급하고, 2차 희망퇴직자에게는 일정 부분 삭감하여 ○○를 지급합니다.
- 퇴직자에 대한 기타 지원사항 및 재취업 안내 등에 대해서는 전자 게시판에 따로 공지될 것입니다.
- 19일에는 퇴직금이 지급되며, 동시에 1차 인사발령이 납니다.

- 이 결정들은 우리 부서뿐 아니라 전 회사 차원에서 실시하는 것입니다.
- 저와 사업부장의 심정은 착잡합니다. 십분 이해 바랍니다. 회사의 생존을 위해서 개혁이 필요하며 개혁을 안 하면 우리도 퇴출 금융사의 예외가 될 수 없습니다.
- 다들 마음을 잘 정해서 1차 희망퇴직 기간 중에 신청하시길 바랍니다. 개인별로 찾아오시면 제가 별도로 면담을 해 드리겠습니다.
- 질문사항 있으시면 해 주십시오(1백 명에 가까운 사원 중 자신의 생사가 달린 문제인데도 단 한 명의 질문자도 나오지 않았음). 질문사항이 없군요. 다른 부서에서는 구체적인 숫자도 나오고 있지만 우리 부서에서는 몇십 퍼센트라고 정한 바 없습니다.
- 희망퇴직 대상은 전원이 해당되니 스스로 판단한 후 신청해 주십시오.
- 아까도 말했듯이 저를 포함한 모든 분들의 마음이 아픕니다. 미래의 경쟁력 확보를 위한 불가피한 조치이며 그 방법밖에 없다고 생각하고 이해해 주시기 바랍니다.

이런 식으로 삼성생명의 구조조정 계획은 각 부서별로 발표되었다.

첫 번째 질문, 왜 30%인가(증폭된 소문)

나는 세상의 어느 누구도 삼성생명에서 10년 이상 근무한 사람에게 회사를 나가라고 말할 자격은 없다고 생각한다. 그 사람들은 생명보험업에 대한 인식이 좋지 않은 때에 입사하여 많은 어려움을 겪었고, 회사를 오늘날의 위치까지 올려놓은 장본인들이다.

▌첫 번째 질문, 왜 30%인가

'감원에 대해서 사원들의 이해를 얻으려면 이래서는 안 된다.'는 생각이 들었다. 나는 회사가 적어도 두 가지 기본 조건을 충족한 후에야 직원들에게 협조를 구할 수 있다고 본다. 그 첫 번째는 감원 규모인 30%에 대한 구체적인 근거를 대는 것이고, 두 번째는 회사가 사원들의 감원 규모를 줄이기 위해서 최선을 다하고 나가는 사원들에게 진심으로 미안한 마음을 가진 후에야 그런 발표를 할 수 있다고 본다.

먼저 30%에 대해 삼성생명은 실수를 했다. 30%라는 숫자가 처음부터 회사에서 생각하고 있던 숫자가 아닌데도 거의 대부분의 사원들이 이 숫자를 믿었던 것이다. 실제로 삼성생명의 감원 수준은 소문과는 달리 15% 미만이었다. 감원의 폭이 30%이든 15%이든 그 기준을 산출할 때에는 그룹 전체의 형평을 감안했을 것이고 향후 몇 년 동안 생보산업이 얼마나 어려워질 것인가에 대해서도 계산해 보았을 것이다. 그런 것들을 삼성생명 사원들에게 솔직하게 이야기해 주었어야 했다고 본다. 아울러 그동안 삼성생명이 얼마만큼의 돈을 벌었고, 얼마를 써서 얼마가 남았기 때문에 향후 얼마를 더 버틸 수 있다는 것도 밝혀야 했다.

모든 것을 다 밝히고, 그럼에도 불구하고 일정 수준의 감원이 필요하다면 그때부터 비로소 희망퇴직 절차에 들어가야 한다고 생각하는 것이다.

▍'삼성전자' 직원의 항변

모 신문에 '삼성전자 직원의 항변'이라는 글이 실려 있었다. 그 내용은 다음과 같다.

- 삼성그룹 계열사들의 감원이 본격화되고 있다. 반도체 분야 세계 1위이며, 한국 기업의 대명사인 삼성전자도 예외일 수는 없다.
- 하지만 삼성전자 임직원 사이에서는 적자기업도 아니고 올 상반기에만도 1,500억 원의 이익을 낸 회사가 왜 가장 큰 폭의 감원을 당해야 하는가 하는 불만이 있다.
- 삼성전자가 반도체 호황으로 2~3조 원의 순이익을 거둘 때 삼성그룹이 이 자금을 자동차 산업에 투자하고 그룹 전체에 '거품'을 초래한 것은 주지의 사실이다. 한때 수많은 계열사가 삼성전자가 번 돈으로 놀고 먹는다는 얘기까지 나왔다.

- 선진국에서도 흑자를 내면서 구조조정을 하는 사례가 있으나, 그들은 감원 전 경영진에게 엄중하게 경영상의 과실과 책임을 묻는 것이 순서이다.
- 삼성은 전세계 사업장에서 노조 결성을 불허하는 기업으로 유명하다. 강성 노조로 유명한 현대자동차도 사회 분위기에 밀려 제대로 목소리를 내지 못하고 있는 판국에 노조조차 없는 삼성인들이 조직의 논리에 항변하기란 불가능하다.
- 삼성은 상징적인 사례일 뿐 지금 구조조정을 한다는 많은 기업에서 경영권은 신성불가침인 반면, 노동자의 생존권은 한 마디로 풍전등화다.

삼성인이 읽으면 누구나 고개를 끄덕이고 고마워할 글이라고 생각한다.

▌'삼성생명' 직원의 항변

삼성전자의 경우나 삼성생명의 경우는 크게 다르지 않다고 생각한다. 삼성전자가 몇 년 동안 반짝 이윤을 많이 내어 그룹에 공헌했다고 한다면, 삼성생명은 몇십 년 동안 꾸준히 그룹의 돈줄 역할을 해 온 것이 차이라면 차이라고 본다.

나는 세상의 어느 누구도 삼성생명에서 10년 이상 근무한 사람에게 회사를 나가라고 말할 자격은 없다고 생각한다. 그 사람들은 생명보험업에 대한 인식이 좋지 않은 때에 입사하여 많은 어려움을 겪었고, 회사를 오늘날의 위치까지 올려놓은 장본인들이다.

지금은 상상도 할 수 없겠지만 10년 전에는 삼성그룹에 채용되었다가 삼성생명으로 발령을 받으면 '장가 가기는 다 틀렸다.'며 한숨을 쉬었다고 한다. '보험쟁이'라는 말을 들어가면서 영업소 실적을 올리기 위해 자기 돈까지 써 가며 일한 결과, 삼성생명은 매년 20~30%의 눈부신 성장을 해 올 수 있었고, 예부터의 경쟁사인 교보생명을 제치고 국내 최고의 회사가 되었다. 거기서 그치지 않고 이제는 2위사, 3위사를 합쳐 놓아도 상대가 안 될 정도의 탄탄한 회사로 만들어 놓은 것이다. 그런데 이제와서 그 사람들을 쫓아낸다면 그것은 '조강지처'를 버리는 행위와 다를 바가 없다고 본다. 지금 당장 먹고 살기 어렵다고 10년, 20년 동안 몸바쳐 일해 온 조강지처를 버리는 꼴이다. 그리고 틀림없이 회사는 새장가를 갈 것이다. 경제가 회복되고 보험 모집에 손이 달린다고 가정해 보자. 그러면 조강지처를 버린 지 1년도 채 안 되어서 당장에 젊고, 말 잘 듣고, 싱싱한 신입사원을 뽑아 댈 것이 아니겠는가.

두 번째 질문, 회사도 눈물을 흘렸는가

야마이치 증권 노자와 사장은 파산을 선언하는 기자회견에서 '파산은 저희 경영진의 잘못이지, 사원들은 아무런 책임이 없습니다. 한 사람이라도 재취업할 수 있게 도와주십시오.'라고 눈물을 흘리며 호소했다.

▌두 번째 질문, 회사도 눈물을 흘렸는가

첫 번째 사원들의 질문이 30%라는 회사의 일방적인 감원 폭이라면, 두 번째 질문 대상은 '조강지처'를 버리는 회사와 경영진의 태도이다. 한 명의 감원자라도 줄이려고 최선을 다한 후에, 마지막으로 자기 몸을 떼어내는 아픔을 감수하고 머리를 조아리면서 직원들의 양해를 구하는 모습을 찾아 볼 수 없었다.

그러면 도대체 사원들을 내보내는 회사와 경영진들이 어떤 마음가짐을 보여야 한다는 것인가? 지금부터 내가 말하는 사례의 반의 반만이라도 하면 된다는 것이다.

▎일본 야마이치 증권 사장의 눈물

작년 12월 모 신문에 난 기사이다. 대한민국 국민 중에는 TV를 통해 야마이치 증권 사장이 눈물을 흘리며 직원과 국민에게 머리를 조아리는 모습을 본 사람이 많을 것이다.

• 야마이치 증권 노자와 사장의 눈물은 일본 내에서 커다란 파문을 몰고 온 모양이다. 그는 파산을 선언하는 기자회견에서 '파산은 저희 경영진의 잘못이지, 사원들은 아무런 책임이 없습니다. 한 사람이라도 재취업할 수 있게 도와주십시오.'라고 눈물을 흘리며 호소했다. 그의 눈물 어린 호소 이후 열흘도 안 되어 1천 개가 넘는 회사에서 야마이치 증권사의 직원을 채용하겠다는 통보가 날아왔다. 그 인원은 모두 9천 명. 길거리를 배회하면서 연말연시를 보내야 했던 야마이치 사원 7,500명보다 훨씬 많은 숫자다.

• 굴지의 국내기업들이 무너지고 있다. ○○사가 부도처리된 데 이어 재계 서열 ○위인 ○○그룹이 도산했다. 하룻밤 자고 나면 또 어느 기업이 문을 닫을지 모르는 불안한 상황이다. 그러나 더욱 안타까운 것은 거리로 쫓겨나는 직원들을 위해 눈물을 흘리는 회사대표가 없다는 점이다. 머리를 조아려 백 번 잘못을 빌어도 신통치 않을 경제관료들의 꼴은 더욱 가관이다. 심지어 TV 화면에 웃음마저 띤 얼굴이다. 직장에서 쫓겨난 직원과 그 가족의 아픔을 위해 흘리는 눈물을 지금 보고 싶다.

▌한 중견 버스업체 임원의 죽음

다음은 올해 초 모 신문에 난 기사이다.

- 한 중견 버스업체의 총무, 노무담당 상무 조 모씨(60)는 여러날 동안 밤잠마저 설쳐야 했다. 전체 410여 명의 버스 기사 가운데 일수를 못 채운 기사가 1백 명을 웃돌고, 최근 수납담당 여직원 3명을 정리해야만 했기 때문이다.
- 경영진으로서 직원들에게 고통 분담을 강요해야 하는 입장과 그 자신 30년 가까이 근속해 온 월급쟁이에 1남 2녀의 가장으로서 직원들에게 닥칠 일들이 남의 일 같지 않았다.
- 회사의 사정이 급속히 악화되면서 감원 문제가 구체적으로 거론되자 그는 임원으로서 누구를 해고하고 또 어떻게 해고 사실을 알릴지 등을 놓고 고민을 거듭하다 급기야 자신감을 잃어버렸다.
- 번민에서 헤어나지 못하던 조씨는 결국 지난 ○일 자신의 안방에서 스스로 목숨을 끊었다.

앞에서 말한 30%라는 숫자에 대한 구체적인 근거 제시와 회사와 경영진의 눈물이 결여된 감원 발표는 사원들이 받아들이기 힘든 것이었다.

삼성생명의 구조조정 기준

'구조조정이 거꾸로 가고 있다. 감원을 하는 이유는 인건비를 줄이려고 하는 것인데, 인건비가 간부의 3분의 1도 안 되는 여사원 위주로 진행되는 것은 감원에 대한 방향이 전혀 서 있지 않다는 증거다.'라는 말도 나왔다.

▌37명 중 20명만 남는데, 실제로는 50%만 남아

발표가 있은 다음 날부터 어디를 가나 구조조정 이야기였다. 모 부서에서는 임원이 부서원 15명 중 10명만이 남는다고 말했다고 했다. 모 부서에서는 총 37명 중 20명만 남는데, 그중 임원과 부장 4명은 확실히 남기 때문에 나머지 인원에 대해서는 50% 이하의 사원만 남게 된다는 등 구조조정 폭에 대한 걱정을 많이 했다.

▌여사원의 기준

제일 먼저 피해를 입은 것은 여사원들이었다. 여사원의 감원 기준에 대한 여러 가지 소문이 돌았다.

- 나이가 많은 여사원. 구체적인 숫자로는 27세 이상이라고 한다.
- 야간 대학교에 다니는 여사원. 공부하느라고 밤늦게까지 일하지 못한다는 것이 죄이다.
- 사내 부부, 옛날 사장을 비롯한 많은 임원들도 사내 부부였고, 그들은 한때 사내방송에 소개되면서까지 축복을 받았지만 남편의 장수를 위해서 자신이 양보해야 한다.
- 기혼 여사원. 감원되어도 사회적으로 별 동정받지 못하는 현실 아래에서 체념하고 만다.

감원에 대한 임원의 발표가 있은 직후부터 여사원에 대해서 이처럼 명확한 기준이 나오자 오히려 모든 것이 깨끗해졌다. 누가 보아도 자기가 해당되는지 안 되는지 알 수 있었기 때문에 처음부터 마음을 정리할 수 있었던 것이다.

▌남자 사원의 기준

그에 비해서 남자 사원의 감원 기준에 대한 소문은 훨씬 늦게 나왔다.

- 직급에 비해 나이가 많다.
- 직전 2년간의 고과가 좋지 않다.

- 경고, 사유서 작성 등의 벌점이 있다.
- 금융거래 불량자이다.

▎ 가장 중요한 문제가 게시판에 없어

위의 감원 기준이 회사의 공식적 발표가 아니고 사원들의 입에서 나온 소문이라는 것이 문제였다. 그 외에도 감원에 대해 회사에서 단 한 장의 문서도 내지 않았다는 것은 납득하기 힘든 일이었다. 즉, 감원에 대한 사업부장의 발표가 있은 지 며칠이 지나도 희망퇴직 일정에 대해 사내 게시판은 물론이고 어디에도 문서화된 것은 찾을 수가 없었던 것이다.

희망퇴직이 있는지 없는지, 1차 희망퇴직과 2차 희망퇴직을 일정대로 하는지 안 하는지, 감원의 폭이 얼마나 되는지, 감원자에 대한 보상은 얼마를 해 주는지에 대해서 회사측은 단 한 마디의 언급도 하지 않았다.

사장이 92년 어쩌고저쩌고 했지만, 그래도 사장 입에서 명확하게 92년 수준으로 감원한다는 말은 나오지 않은 것이다. 부서별로 임원들이 말했을 뿐이다. 신문을 보아도 퇴출은행 직원들이 회사에서 발표한 감원에 대한 방침을 담은 종이 공문을 보며 고민하는 모습을 쉽게 찾아 볼 수 있다. 아이들 장난도 아니고 회사 경영상 가장 중요한 감원 문제에 대해 한 장의 문서도 나오지 않는 회사가 세계에 서 몇 개나 될까 싶었다. 세월이 흐르면 삼성생명에서 감원을 한 적이 없다고 해도 될 것으로 아는가 보다고 생각되었다. 회사에는 전자메일 시스템이 있는데, 회사의 공지사항, 부서의 공문은 물론이고 개인들 간의 안부편지까지 이 전자메일 시스템을 통해서 이루어진다. 회사의 공지 사항이 실리는 '전자 게시판'에는 어느 영업소에서 영수증을 분실했다, 삼성생명 농구단이 어느 회사를 상대로 몇 대 몇으로 이겼다, 삼성 자동차를 사면 보험을 무료로 들어 준다 등의 시시콜콜한 내용까지 모두 게시된다.

그런데 회사와 사원에게 있어 가장 중요한 '감원'에 대해서는 눈을 씻고 보아도 아무런 언급을 찾을 수가 없었다. 회사는 감원에 대해 단 한 마디도 언급하지 않은 채, 오히려 희망퇴직자에 대한 취업 알선에 대해서는 아예 하나의 방을 만들어 선전하고 있었다. 세상에 감원 자체가 없는 마당에 '소자본 창업 정보'라는 문서가 소개되고 있는 것이다. 사원들은 1차에서 희망퇴직을 할 것인가, 좀더 눈치를 보다가 2차에서 할 것인가에 대해 고민하다가 1차가 언제까지인지 확인하려고 하면 어디서도 문자로 정확한 일정을 확인하지 못하는 판국에, '소자본 창업 정보'에서는 1천만 원 이상으로 할 수 있는 장사에는 라면, 오뎅류를 파는 스낵 전문점, 3천만 원 이상으로 할 수 있는 장사에는 장난감 대여점, 세탁 편의점 등의 정보가 깔려 있는 것이다. 상식 밖의 일이 아닐 수 없었다.

▌임기응변식 감원

감원은 회사측에서 볼 때나 사원들측에서 볼 때 제일 중요한 일이므로 정말 투명하게, 원칙을 잘 세워 진행하지 않으면 자칫 불신감과 시행착오를 초래하기 쉽다. 1차 희망퇴직 마감을 3일 정도 남기고도 여사원만 주로 신청을 하자 '구조조정이 거꾸로 가고 있다. 감원을 하는 이유는 인건비를 줄이려고 하는 것인데, 인건비가 간부의 3분의 1도 안 되는 여사원 위주로 진행되는 것은 감원에 대한 방향이 전혀 서 있지 않다는 증거다.'라는 말도 나왔다. 정확하게 핵심을 짚은 말이라고 생각한다.

퇴직 위로금

삼성생명에 입사한 지 만 8년이 된 내가 받은 퇴직금은 2천만 원에 4만 8천 원이 붙은 2천 4만 8천 원이었다. 내가 3천만 원을 받고 나온 모 은행의 여사원이나 2천 4백만 원을 받고 나오는 9개 은행 3년차 사원보다 적은 액수의 위로금을 받아야 할 이유는 하나도 없다고 생각한다.

▌퇴직 위로금

　삼성생명에서 명예 퇴직시에 직원들에게 준 위로금은 얼마나 될까? 웬만한 사람들은 부자 회사니까 다른 회사보다 더 많이 주었을 것이라고 짐작할 것이다. '부자 몸조심한다'는 말이 있고, 삼성에 노조가 없긴 하지만 알짜배기 기업 삼성생명이니 재무구조가 부실한 은행보다는 많이 주었을 것이라고 추측하는 것도 무리는 아니다. 얼마 전 비교적 재무구조가 괜찮다는 한 은행에서 명예퇴직을 하는 사원들에게 준 위로금은 부장 1억 원, 과장 7천만 원, 대리 5천만 원, 여사원 3천만 원이었다고 그 은행에 다니는 선배에게서 들었다.

　그리고 최근 제일은행을 비롯한 경영 상태가 좋지 않은 9개 은행은 금융노련과 정부와의 협상 끝에 부장이 5천만 원 수준, 차장이 3천 7백만 원 수준, 은행에 들어온 지 3년 된 행원이 2천 4백만원 수준이 될 것이라는 말을 들었다.

삼성인 샐러리맨
삼성문화 대기업문화

그런데 삼성생명에 입사한 지 만 8년이 된 내가 받은 퇴직금은 2천만 원에 4만 8천 원이 붙은 2천 4만 8천 원이었다. 삼성 생명에서 8년간 뼈빠지게 일한 사원이, 회사가 무너지지도 않은 상태에서 감원당하면서 받은 돈이 고작 2천만 원이다. 내가 3천만 원을 받고 나온 모 은행의 여사원이나 2천 4백만 원을 받고 나오는 9개 은행 3년차 사원보다 적은 액수의 위로금을 받아야 할 이유는 하나도 없다고 생각한다. 삼성생명에서 나오면 갈 곳이 없는, 입사 5년이 조금 안 된 나의 후배는 1천 1백만 원을 들고 회사를 나와야 했던 것이다.

실직의 아픔은 절대 돈으로 계산할 수 없는 것이지만, 그래도 국내 제일의 재벌회사, 세계에서 몇 번째 가라면 서러워할 정도의 회사, 삼성생명에서 직원들을 너무도 야박하게 내보냈다고 생각한다.

그런데도 회사를 떠난 많은 사원들이 다른 은행 사원들의 반도 못 되는 위로금을 받고도 '부장님, 고맙습니다.'라고 인사를 하며 나간 것이다. 정말로 착하고 순진한 사원들의 뒷모습이었다.

▌삼성 사람, 너무도 착하다

자기 앞으로 칼날이 다가오고 있다는 것을 알면서도, 자신의 동료가 감원에 대해 고민하고 있는 것을 보면서도 아무도 목소리를 높이지 않는다. 삼성전자에서, 삼성물산에서 그 많은 사람들이 밖으로 나가면서도 크게 문제를 일으키지 않는 것을 보면, 밖에서 '삼성인은 어떻게 만들어지는가?'라고 의문을 갖는 것도 충분히 이해할 만하다. 재미있는 것은 만나는 사원마다 '삼성 사람, 삼성생명 사람 너무 착하다.'고 말하는 것이었다. 바로 자기가 삼성생명 사람인데 자기가 가만히 있는 것이 이해가 안 간다는 말인지, 옆 사람들이 가만히 있지 말라는 말인지 그 진의를 파악하기 힘들었다. 그리고 친구들도 자기들한테 '너희 삼성인들은 너무 착하다.'고 말하는 것을 자주 듣는다고 했다.

▎언론도 침묵

사원들끼리 주고받는 이야기이다.

"그룹이 감원 문제로 이렇게 시끄러운데, 최근에는 언론에서 감원에 대해 전혀 언급이 없는 것을 보니, 삼성에서 언론을 막아 놓고 시작한다는 말이 맞기는 맞는가 보네."

"언론사들 중에서 삼성 말 안 듣고 배기는 데가 어디 있겠어?"

"그래도 C일보와 H신문은 다를 텐데."

"다르기는 뭐가 달라?"

"C일보는 얼마 전 중앙일보 때문에 삼성과 전면전을 했었잖아?"

"결국 서로 살아남으려고 화해를 했지. 그리고 최근 IMF 이후에는 신문사들이 광고 수입이 줄어드는데, 삼성에서 광고 안 내주면 C일보는 쩔쩔매게 되어 있어."

"그나마 H신문은 괜찮을 거야."

"웃기지 마. 삼성생명에서 H신문에 내준 융자가 이십억인데."

"정말로 H신문까지 막힌다면 우리나라 언론 다 막혔다는 것과 다름없는데……."

삼성인 샐러리맨
삼성문화 대기업문화

삼성생명과의 끈

한 집안에서 보험 7건을 동시에 해약하고 나니 '순수 보장성 보험'은 하나 필요하다고 느낀 것이다. 그리고 보험을 든다면 아무래도 삼성생명이 제일 믿음직하다는 생각에서였다.

▌ 화가 난 고객

명예퇴직에 대한 위로금과 퇴직금을 받고 나오던 날, 나도 어지간히 감정이 상했는가 보다 싶었다. 왜냐하면 그날 내가 삼성생명에 가입하고 있던 모든 보험을 해약해 버렸기 때문이다. 돈이 필요했던 것도 아니고 특별히 보험을 해약해야 할 이유도 없었지만, 내 발길은 2층의 보험 창구로 향하고 있었던 것이다.

번호표를 뽑고 기다리는 동안에 한 과장의 말이 떠올랐다.

"고객 한 명이 불만을 가지면 1백 명의 다른 사람들에게 불만을 전파한다는 것이 그동안 회사에서 강조해 왔던 말인데, 이 번에 감원당하는 몇만 명의 삼성 사람들이 모두 삼성에 적대감을 가지고 떠난다면 삼성의 앞날이 순탄하지 않을 것이다."

그때 그 과장에게 내가 한 말은,

"사람이란 누구나 망각이라는 것이 있고 삼성이 잘 하는 것도 많고 하니, 삼성에서 그런 것 무서워서 감원 안 하겠습니까?"라는 것이었다. 어쨌든 보험 창구에 서 있던 나는 화가 단단히 난 고객이었음에는 틀림없었다. 이윽고 내 차례가 되었다. 창구 여직원 앞으로 가서 내가 가입하고 있는 보험을 다 해약해 달라고 했다. 보험은 총 5건이었는데, 그동안 '약관 대출'이란 것을 많이 받았었기 때문에 금액상으로는 얼마 되지 않았다. 물론 금액으로 본다면 보험을 많이 든 것은 아니지만 그래도 '임직원 보험 캠페인' 때마다 가장 적은 금액의 보험이라도 찾아서 들었던 것 등의 옛날 생각을 하면 섭섭한 기분이 절로 드는 것이었다.

▌삼성생명과의 끈

집으로 돌아와서 집사람에게 보험을 다 해약했다고 말하자 한 마디 상의도 없이 그런 행동을 했다고 서운해했다. 그러더니 며칠 후에는 집사람 이름으로 가입한 보험 2건을 해약하겠다고 나에게 말하는 것이 아닌가? 알아서 하라고 했더니 집에서 가장 가까운 삼성생명 창구를 찾아가서 해약을 하고 왔다.

집사람이 보험 해약을 했다는 말을 듣고 아직 내가 삼성생명에 다니고 있는 것으로 알고 있던 장모님도 보험을 해약하겠다고 했다. 다른 이유는 아니고 그동안 보험 붓기가 버거웠는데, 딸이 해약했다는 말을 듣자 갑자기 해약하고 싶은 마음이 든 것이었다고 했다. 장모님은 나나 집사람보다 보

삼성인 샐러리맨
삼성문화 대기업문화

험료 금액이 큰 보험을 세 건 정도 해약한 것으로 안다. 어쩌다가 일이 이렇게 돌아가게 되었는지 모르겠다는 생각이 들었다. 이런 말을 하면 나를 어떻게 볼지 몰라도 얼마 전 삼성생명에 보험 한 건을 다시 들었다. 한 집안에서 보험 7건을 동시에 해약하고 나니 '순수 보장성 보험'은 하나 필요하다고 느낀 것이다. 그리고 보험을 든다면 아무래도 삼성생명이 제일 믿음직하다는 생각에서였다. 앞에서 말한 '망각과 삼성생명의 경쟁력'도 작용했겠고, 다음으로는 동기 한 명이 삼성생명 영업소장으로 있다는 것도 한 원인이었다고 본다.

사장의 편지

다음은 삼성생명 사장이 회사를 떠나는 사람들에게 나누어 준 글이다. 이 편지를 주기 위해서는 그동안의 모든 일에 대해서도 사장이 공식적으로 해명을 해야 할 것이 아닌가 싶다.

▎사원들이 사장의 말을 변명해

당초 감원의 폭이 30%였던 것에 대해 인사 부서에서는 사장의 조회사 중 일부 내용이 오해를 일으켰다고 말했다. 오해일 리가 없다. 사업부장도 그 말을 인용했고 임원도 그 말을 인용했으며 전사에 30%라는 소문이 열흘 동안이나 퍼졌었는데, 이제 와서 그 말이 사장의 진의가 아니었다고 변명하는 것이다.

외부 환경이 어려울수록 더욱 화목해지는 가정이 있는가 하면, 부모와 자식 간에 믿음이 깨어지고 가정이 풍비박산나는 경우도 있다. 삼성과 삼성생명은 안에 있는 가족들에게 더욱 훌륭한 부모가 되어야 한다고 생각한다. 다음은 삼성생명 사장이 회사를 떠나는 사람들에게 나누어 준 글이다. 이 편지를 주기 위해서는 그동안의 모든 일에 대해서도 사장이 공식적으로 해명을 해야 할 것이 아닌가 싶다.

▌사장의 편지

　정든 회사를 떠나는 여러분께 어떤 말로도 위로가 되지 않으리라는 것을 알면서도, 떠나시는 분들께 이 말씀만은 전해야 하겠기에 이렇게 글을 올립니다.

　삼성생명이라는 같은 배를 탄 것만으로도 뿌듯했던 여러분 모두는 삼성생명을 움직이게 하는 밑거름이었습니다. 이제 여러분은 지금과는 다른 낯설고 힘든 길을 걸어가시겠지만, 저는 여러분의 뒷모습을 평생 잊지 못하고 안타까움 속에서 뼈아픈 마음을 간직하게 될 것 같습니다.

　여러분도 아시다시피, IMF 이후 우리 사회는 고도 성장기에 형성되었던 버블이 제거되고 부실이 정리되면서 심각한 구조 조정의 물길에 휩쓸리고 있고, 이 물길은 우리 회사에도 예외 없이 찾아오게 되었습니다. 이로 인해 우리 회사도 과거 활황기 때 늘렸던 점포 및 기구조직을 줄이지 않을 수 없었고, 인력도 다소 줄여야만 이 위기를 극복할 수 있다고 판단하였습니다. 여러분은 이 상황에서 정든 회사를 떠나시게 되었고, 그 안타까운 심정은 저도 공감하고 있습니다. 떠나시는 여러분들을 위해 많은 배려와 보상을 해 드리고 싶었지만, 원하시는 만큼 해 드리지 못한 것을 죄송스럽게 생각합니다. 회사에서는 대리점이나 보전, 연체관리, TM 등 몸담았던 회사와 관련된 일을 하실 수 있도록 기회를 마련하였으니, 부디 많이 활용해 주시기 바랍니다. 지금의 이별은 순간이지만, 그동안 여러분과 삼성생명이 간직해 온 정든 추억은 영원히 간직해 주시길 소망합니다. 비록 몸은 회사를 떠나더라도 남아 있는 동료, 후배들을 위해 더욱 많은 격려와 조언의 말씀을 해 주실 것도 부탁드려 봅니다. 새로운 인생을 설계하고 추진하는 것이 얼마나 힘들겠습니까? 하지만 삼성생명에서 쌓아 온 여러분의 투혼과 정신력이라면 못할 일이 없을 것으로 믿습니다. 이 어려운 난국을 꿋꿋이 이겨내시기를 기원합니다. 여러분의 뒷모습을 지켜보는, 저를 포함한 모든 삼성생명 가족들은 더욱 훌륭한 회사가 될 수 있도록 혼신의 힘을 다하겠습니다. 그리고 여러분에게 도움이 될 수 있다면 힘껏 돕겠습니다. 먼 훗날 삼성생명을 거쳐 간 모든 사람들이 담담한 마음으로 오늘을 회상할 수 있기를 바라면서, 여러분, 건강하시고 모든 일이 뜻대로 이루어지시기를 기원합니다. ○○○ 배상

삼성인 샐러리맨
삼성문화 대기업문화

실직자의 고통지수

실직 후 자살을 예방하는 지혜로, 같은 처지에 있는 사람들과 솔직한 대화를 자주 갖고 고통을 가족과 함께 나눠야 할 것이며 '가족들도 가장의 고통을 이해해 따뜻하게 감싸 줘야 할 것'이라고 당부했다.

  다음 글은 신문 기사에서 인용한 것인데, 가장의 실직이 당사자와 그 가족에게 얼마나 큰 고통을 안겨 주는지 잘 알 수 있다. 실직한 가장들의 3분의 1 이상이 부부생활을 꺼리며 아내의 가출과 이혼, 자녀의 장래에 관한 걱정을 많이 하는 것으로 나타났다. 실직한 아버지들의 모임은 지난 5~8월에 실직한 가장 1백 명을 대상으로 '실직 해고 후 불안심리 척도 테스트'를 실시한 결과 이 중 35명이 '부부 성생활이 싫어졌다'고 응답했다고 밝혔다. 또 '가정생활이 귀찮고 아내와 눈 맞추기조차도 싫다'고 묻는 항목에는 31명이 '그렇다'고 대답했으며, '매사가 귀찮고 의욕이 없다'에는 44명, '실직 사실을 친지, 친구 등이 알까 두렵다'에는 43명이 각각 '그렇다'고 답한 것으로 나타났다. 특히 '때때로 자살을 생각한 적이 있다'라는 항목에는 32명이 '그렇다'고 응답했으며, 이 중 20% 가량이 '아내의 가출과 이혼, 자녀의 미래에 대한 걱정 때문'이라고 답한 것으로 조사됐다. 이 단체 대표는 '실직 후 자살을 예방하는 지혜로, 같은 처지에 있는 사람들과 솔직한 대화를 자주 갖고 고통을 가족과 함께 나누어야 할 것'이며 '가족들도 가장의 고통을 이해해 따뜻하게 감싸 줘야 할 것'이라고 당부했다.

삼성인 샐러리맨
삼성문화 대기업문화

제 2 부

삼성 자동차

사원들이 하는 삼성 자동차 이야기 / 삼성 자동차는 샐러리맨에게 과도한 부담
/ 회사를 위해서라면 기꺼이 / 아직도 삼성 자동차 주식을 가지고 있는 이유

사원들이 하는 삼성 자동차 이야기

오래전에 라디오 방송에서 들은 바에 따르면, 독일에서 개최된 자동차 관련 세미나에서 2000년대에 한국에 생존해 있을 자동차 회사는 삼성과 현대 두 개뿐이라고 했다. 삼성이 아직 승용차 사업 인가를 받기 전이었는데도 그런 이야기를 들었다.

▌삼성생명 사원들이 하는 삼성 자동차 이야기

삼성 자동차를 사원들에게 강매한다고 불만이 많던 때에 삼성생명 사원들이 주고받던 이야기이다. 삼성 자동차가 전세계 어디에 팔렸는가, 그리고 그 자동차들의 움직임은 어떠한가를 파악하기 위해 인공위성을 사용하여 추적을 해 보았다고 한다. 드디어 새벽 6시가 되니까 모니터 속의 삼성 자동차들이 움직이기 시작했다. 인공위성 추적장치를 사용하는 추적팀은 긴장감 속에서 모니터를 지켜보았다.

새벽 6시에 거의 같은 곳에서 출발한 삼성 자동차는 6시 40분경에 어느 한 장소로 집결했다. 그리고 나서는 하루종일 별다른 움직임이 없었다. 그런데 오후 6시쯤부터 그 차들이 다시 움직이기 시작했고, 흩어진 삼성 자동차들은 늦게까지 한 대씩 두 대씩 아침에 출발한 장소로 돌아왔다. 드디어

추적팀은 아침에 삼성 자동차들이 출발한 장소와 도착한 장소를 파악했다. 도착한 장소는 물론 태평로의 삼성생명 빌딩이었고, 출발 장소는 도곡동에 있는 삼성생명 사원 아파트였다고 한다. 삼성생명 이야기를 하면서 삼성 자동차 이야기를 빼놓을 수는 없다. 삼성 자동차 때문에 삼성생명의 돈이 빠져나간다는 말도 있지만, 그것보다는 어려운 시대에 삼성 자동차를 사느라고 허리가 휘는 사람들이 많았기 때문에 삼성 자동차와 삼성생명은 무관하지 않다는 점에서이다.

▌왜 삼성 자동차만 갖고 그래

삼성에서 자동차 사업에 진출한 것은 돈을 벌어서 그룹을 더 크게 만들기 위한 경영적 판단하에 이루어진 일이었다. 그러나 결과적으로 보면 삼성이 무모한 투자를 했고, 국민 경제에 돌이키지 못할 잘못을 했다고들 한다. 이 점에 대해서는 삼성도 억울하게 생각할 수 있다. 삼성뿐만 아니라 우리나라의 정부, 대기업, 학계를 막론하고 IMF를 예측한 곳은 한 군데도 없었고, 만일 상황이 경제 호황기를 맞이했다면 지금처럼 최악의 시나리오는 없었을지도 모른다. 삼성측의 말대로 경쟁력이 없는 자동차 회사는 퇴출되고 세계에서 가장 우수한 자동차를 만드는 회사가 생존해서 우리나라의 경쟁력을 더 높일 수 있었을지도 모른다.

그럼에도 불구하고 국민들이 삼성 자동차에 대해서 좋지 않은 감정을 가지고 있고 삼성 직원들조차 이처럼 불만이 높은 것은 무슨 이유 때문일까? 내가 신입사원 시절부터 들은 삼성이 자동차 산업에 진출해야 하는 이유는 다음과 같은 것들이었다.

"삼성은 금융·서비스와 생활용품을 비롯한 소비재 위주의 상품이 주를 이룸에 따라 세계적으로 경쟁력 있는 제조업체를 몇 개는 가져야만 균형 있게 발전할 수 있다. 그리고 미래의 자동차는 전자 장치가 50% 이상 차지하게 되는데, 그룹의 장점인 전자 회사와 시너지 효과를 얻기 위해서는 자동차 산업을 꼭 해야 한다."

이 정도로 알고 있었는데, 그룹에서는 자동차 사업에 조금씩 착수하기 시작했으며 삼성인의 한 사람인 나도 막연히 그룹이 자동차를 만들면 나쁠 것이 없다고 생각했다. 오래전에 라디오 방송에서 들은 바에 따르면, 독일에서 개최된 자동차 관련 세미나에서 2000년대에 한국에 생존해 있을 자동차 회사는 삼성과 현대 두 개뿐이라고 했다. 삼성이 아직 승용차 사업 인가를 받기 전이었는데도 그런 이야기를 들었다. 하기야 그전에도 '대우는 기술력이 없어서 안 되고, 기아는 자금력이 없어서 안 된다.'라는 이야기는 수도 없이 많이 들었었다. 삼성이 자동차 사업을 잘만 하면 우리나라에 큰 보탬을 줄 수도 있다고 생각했을 뿐 문제가 된다고 생각하지는 않았다. 회사에서 보너스 대신에 내어준 삼성 자동차 주식을 아직도 가지고 있을 정도이니 말이다. 그런데 왜 삼성 자동차가 그렇게 문제가 된다는 말인가?

▌지키지 못할 약속 때문에

삼성이 자동차 사업을 시작하면서부터 지키지 못할 약속을 한 것이 문제가 된 듯싶다. 우리나라에서는 정치판에서부터 경제 관료는 물론이고 일선

공무원에 이르기까지 말 바꾸기가 예사인데도 유독 삼성이 약속을 못 지켰다고 야단이다. 지금도 정부 관료나 다른 대기업도 모른다고 했으면 문제가 안 될 것을 가지고 아니라고 말했다가 곤욕을 치르는 것이 예사인 대한민국인데 말이다. 기업을 하다 보면 처음부터 예정된 거짓말을 안 할 수가 없는 경우도 있는 것 같은데, 특히 지금의 삼성이 그에 대한 책임을 혹독하게 치르고 있다는 느낌이다. 먼저 삼성은 1992년에 상공자원부로부터 상용차 사업을 허가받으면서 '승용차 부문에 진출하지 않겠다.'고 발표했다. 그러나 1년이 채 지나지 않은 1993년에 '승용차 사업을 할 것'이라고 공식 표명을 하였다. 1994년 말에는 정부에서 삼성 자동차의 승용차 사업을 인가해 주었는데, 기존 업계의 반발을 무마하기 위해서 '자동차 전문 인력과 하청업체를 가로채지 않겠다.'고 약속했고, 여기에 대해서도 조금의 시비가 있는 모양이다. 그러더니 1997년에는 '국내 자동차 산업의 구조개편 필요성과 정부의 지원방안'이라는 보고서가 유출되어 큰 파문을 일으켰다. 1997년 7월 앞의 보고서에 대해 검찰이 무혐의 판정을 내렸고, 삼성 자동차 부회장은 '기아 인수는 생각해 본 적도 없다.'라고 발표했다. 기아 인수를 생각해 본 적이 없다고 발표하고 나서 불과 얼마 후인 1998년에는 그룹의 사활을 걸고 기아 자동차를 인수하려 했던 것이다. 솔직한 심정으로 나는 삼성이 그런 지키지 못할 약속은 작은 것 하나라도 발표하지 말기를 바란다. 그리고 그런 약속을 해서 삼성의 이미지에 마이너스 요인을 누적시키는 사람들이 누구인지 궁금하고, 그런 사람들이 한시라도 빨리 구태에서 벗어나는 용단과 지혜를 가지기를 바랄 뿐이다.

삼성 자동차는 샐러리맨에게 과도한 부담

이렇게 어려운 시기에 그냥 자신이 가지고 있던 '프라이드'와 같은 소형차를 타는 것
이 낫지, 거저 준다고 한들 중형차를 탈 이유가 없다. 중형차를 탐으로써 개인적으로
얻을 수 있는 효용이 아무것도 없는 것이다.

▌다들 알고 있는 삼성 자동차 임직원 판매

현대와 대우에서 전 그룹 사원들에게 자동차를 강제로 판매하라고 할당
한다는 사실은 누구나 알고 있다. 삼성에서도 삼성 자동차를 직원들에게 강
제 할당하고 있다는 것을 누구나 알고 있는데, 삼성에서는 처음에 이 사실
을 드러내 놓지 않으려는 노력을 많이 했던 것 같다. 물론 지금은 아는 사람
은 다 아는 사실이니 그다지 숨기려 하지 않는 듯하다.

웬만한 일간지를 읽어 보아도 과장급 이상이면 삼성 자동차를 사야만 하
고, 삼성 자동차의 상반기 판매대수가 삼성그룹 관리자 숫자와 비슷하다는
등의 보도를 접할 수 있다. 1998년 상반기의 삼성 자동차 판매대수는 2만 대
가 조금 넘는다고 들었다. 그런데 삼성생명에 떨어진 판매 할당량이 5천 대
라는 내용을 본 기억이 난다. 전체 직원이 9천여 명인데 5천 대를 판다는 것

은 쉬운 일이 아니다. 어쨌든 5천 대는 각 지역 본부별로, 그리고 임원별로 할당이 되었다. '보험회사의 조직력'이라는 특성이 '구조조정'이라는 특수한 시기와 맞물렸던 것이다.

▍샐러리맨들에게는 과도한 부담

회사 전체로 볼 때에 할당된 목표가 쉽게 달성되는 듯 보일지라도 차를 팔거나 산 개개인들을 본다면 한 건 한 건 사연이 없는 건이 없을 것이다. 현대나 대우의 자동차 판매와 다른 점은 삼성 자동차가 경차가 아니라 중형차이기 때문에 IMF하에서 삼성 자동차를 살 만한 여력이 있는 사람이 거의 없다는 점이다. 삼성 자동차 한 대를 사기 위해서 개개인이 겪는 피해의식은 이루 말로 표현할 수가 없다. 부모에게서 물려받은 재산이 있는 사람은 모르지만 1년에 겨우 5백만 원, 천만 원씩 저축하는 봉급쟁이에게 있어 삼성 자동차는 너무도 큰 부담인 듯싶다. 먼저 삼성 자동차를 사기 위해서는 자기가 타고 있던 기존의 자동차를 팔아야만 한다. 자기가 '프라이드'를 몰고 있었다면 그 차를 빨리 처분해야 하는데, 그러자니 제 값을 받기가 힘들다. 거의 차 값을 받지 않고 누구에게 물려 주는 수준이다. 그리고 나서 2천만 원에 달하는 자동차 값을 치러야 한다. 일시불이든 할부이든 감당하기 벅찬 액수이다. 그 다음은 더욱 문제이다. 자동차 구입비도 부담스럽지만 기름값, 자동차 보험료, 자동차세 등 한 달에 몇십만 원씩의 추가부담이 필요하기 때문이다. 이렇게 어려운 시기에 그냥 자신이 가지고 있던 '프라이드'와 같은 소형차를 타는 것이 낫지, 거저 준다고 한들 중형차를 탈 이유가 없다.

중형차를 탐으로써 개인적으로 얻을 수 있는 효용이 아무것도 없는 것이다.

▌ 본인 구매

　제일 처음 이런 조치가 내려졌을 때만 해도 과연 몇 명이나 차를 팔 수 있을까 하는 의문이 갔다. 하지만 '회사에서 팔라고 하면 팔아야 한다.'는 분위기가 압도적이었다. 열 명에게 차를 팔라고 했을 때에 다섯 명이나 여섯 명이 차를 못 판다면 그 쪽에 줄을 서면 되지만, 열 명 중에서 여덟 명, 아홉 명이 차를 팔 것이라고 예상된다면 이렇게 감원 바람이 거센 시절에 누가 차를 팔지 않겠는가? 2천만 원이라는 금액이 누구 앞에서 쉽게 꺼낼 수 있는 액수가 아닌 만큼 자연히 처음부터 다른 사람에게 자동차를 파는 것을 포기하고 자기 것을 구입하는 방향으로 생각을 많이 했다. 사실 사원들을 가장 고민하게끔 했던 것은 9월에 있을 것으로 예정된 구조조정이었다. 신문지상에 나오듯이 구조조정의 폭이 20~30%이고, 자동차를 사거나 파는 사원이 90%에 이른다면 당연히 자동차를 팔지 못한 사람이 구조조정의 대상이 될 확률이 높은 것이다. 아무리 회사에 대한 충성심이 강한 삼성인들이라고 해도 이런 구조조정에 대한 불안감이 없었더라면 자동차 판매실적이 순조롭게 진행되지 못했을 것이라고 믿는다.

회사를 위해서라면 기꺼이

그러면 처음부터 장인어른에게 돈을 일부 대어 주면서까지 팔 필요가 없었지 않았느
냐고 물었더니 세상이 이렇게 돌아갈지 어떻게 알았겠느냐면서 그리 문제시하지 않
고 모든 상황을 순순히 받아들였다.

▎회사를 위해서라면 기꺼이

　본인 부담으로 고가의 자동차를 사면서도 역시 삼성인들은 강했다. 공공
연하게 불만을 터뜨리는 사람은 거의 없었으며 조용히 자기 몫만 팔아 나갔
다. 내가 아는 한 과장은 자기 차가 아직 멀쩡해서 삼성 자동차를 장인어른
에게 팔았다고 한다. 대신 자동차 값의 일부를 자기가 부담하기로 했다지
만, 주머니 돈이 쌈짓돈이라고 결국 장인이 사나 자기가 직접 사나 집안일
이기는 마찬가지였다. 얼마 후 그 과장은 자기가 탈 자동차를 다시 신청하
였다고 했다. 벌써 할당량을 팔았는데 왜 그랬는지 물어보니 자기 부서 분
위기가 '어차피 업무상 자동차가 필요한데 삼성 자동차가 아닌 차를 회사에
끌고 올 수가 없다.'는 쪽으로 흐르고 있기 때문이라고 했다. 그러면 처음부
터 장인어른에게 돈을 일부 대어 주면서까지 팔 필요가 없었지 않았느냐고

물었더니 세상이 이렇게 돌아갈지 어떻게 알았겠느냐면서 그리 문제시하지 않고 모든 상황을 순순히 받아들였다. 듣고 있던 내가 생각해도 너무하다는 마음이 드는데도 당사자가 그렇게 마음먹는 것을 보면 숙연해지기까지 했다. 고참 과장도 아닌, 이제 막 과장이 된 사람이 그 정도로 회사에 대한 충성심을 보였던 것이다.

▌최선의 선택

사원들은 회사에 대한 충성심이 강하기 때문에 자신의 희생에 대해서 그리 반발이 크지 않았다. 그냥 개인적으로 가장 피해가 적은 쪽으로 선택하는 정도였다.

먼저 다들 약간 고급 차종인 SM520을 신청하였다. 값은 약간 싸지만 재고가 풍부해서 신청하면 금방 나오는 SM518은 거의 신청하지 않았다. 그 이유는 SM520은 지금 신청하더라도 재고가 달려서 연말에야 나온다고 하니, 모두들 9월에 있다고 하는 구조조정이 끝날 때까지 눈치를 보기 위해 일단 SM520을 신청하는 것이었다. 만일 자기가 감원 대상이 되어 회사를 나가게 된다면 그와 동시에 해약을 하면 되기 때문이다. 반면에 SM518은 신청 즉시 차가 나오기 때문에 최악의 경우에는 먼저 자동차가 나오고 자신이 감원이 되어서 자동차를 물어 달라고 할 수 없는 상황이 올 수도 있다. 그래서 다들 SM520을 선택하고 연말까지 시간을 벌고 있는 것이다.

▌파는 것보다는 사는 것이 깨끗해

다음으로 사원들에게 나타난 현상은 자동차를 친지들에게 팔기보다는 자기가 사는 쪽을 선택하게 되었다는 점이다. 처음에는 자동차가 워낙 고가이기 때문에 누구에게 부탁한들 제대로 들어줄 리가 없어서 그런 현상이 나타났는데, 시간이 흐를수록 회사에서 언젠가는 본인 명의로 자동차를 소유하도록 할 것이라는 예상이 믿음으로 굳어져 갔던 것이다. 지금 애써서 친지에게 한 대를 팔더라도 나중에 회사에서 자신 명의로 또 한 대 사라고 할 경우 어차피 거절하기가 불가능하기 때문이다. 그리고 한 번 자동차 판매 바람이 지나간 후에도 사원들에게 자동차 판매에 대한 우려가 완전히 없어지지는 않았다. 올해는 과장급 이상에서 할당량을 소화시켰지만 내년에 나오는 물량을 소화시키기 위해서는 대리급으로까지 할당이 내려올 것으로 예상된다. 그러면 과장 이상도 다시 한 번 판매에 나서야 하는 상황이 오는 것이다.

아직도 삼성 자동차 주식을 가지고 있는 이유

나는 그 모습을 보고 쇼크를 받았다. 아마도 회사에서 그룹 관계사를 지키기 위해 내어준 자동차 주식을 저렇게 쉽게 팔 수 있느냐 하는 마음이 앞선 쇼크라고 보아야 할 것 같다.

▌애사심인지 무지인지

삼성 사람들은 삼성 자동차 주식을 가지고 있다. 그룹 차원에서 보너스 대신에 삼성 자동차 주식을 나누어 주었기 때문이 다. 나도 현재 4백여 주를 가지고 있는데, 직급에 따라서 더 많이 가지고 있는 사람도 있을 것이고 적게 가지고 있는 사람도 있을 것이다. 나도 그랬지만 삼성생명 사람들은 회사에서 돈 대신에 삼성 자동차 주식을 내준 것에 대해서 거의 불만을 가지고 있지 않은 것 같다. 그룹을 위한 일이고 삼성 자동차의 미래에 대해서 믿음이 있었기 때문에 그렇지 않나 싶다. 나만 하더라도 지난해 여름에 삼성 자동차 주식을 파는 한 과장을 보고 놀라워했다. 외부에서 전문 인력으로 채용된 그 과장은 삼성 자동차의 내재 가치를 생각해 보고 한 주당 7,500원 수준에서 자기가 가지고 있던 주식을 전량 팔았던 것이다. 나는 그 모습을

삼성인 샐러리맨
삼성문화 대기업문화

보고 쇼크를 받았다. 아마도 회사에서 그룹 관계사를 지키기 위해 내어준 자동차 주식을 저렇게 쉽게 팔 수 있느냐 하는 마음이 앞선 쇼크라고 보아야 할 것 같다. 지금 와서 생각해 보면 삼성생명 사람들이 자동차 주식을 소중히 보유하고 있는 데에는 여러 가지 이유가 있는 듯하다. 나의 경우만 생각해 본다면 세 가지 정도로 요약할 수 있다. 첫째로는 앞에서도 말했다시피 회사에 대한 충성심 정도를 가장 큰 이유로 꼽아야 할 것 같다. 그런데 만일 나에게 그런 애사심이 없었어도 그 주식을 팔지 못했을 가능성도 배제할 수는 없다. 왜냐하면 삼성 자동차 주식이 상장도 안 되었으니 팔고 싶어도 팔 수 있는 방법을 몰랐을 수도 있는 것이다. 마지막 이유는 삼성 자동차에 대한 정확한 평가를 못했기 때문에 팔지 못했을 것이라고 본다. 5천 원을 주고 산 주식이 언젠가는 1만 원은 되겠지 하는 기대감으로 누가 팔라고 강요해도 팔지 않았을 가능성도 있다는 것이다. 다른 사원들은 앞서 말한 그 과장의 행동에 대해서 어떻게 생각하고 있으며, 또 그들이 아직 주식을 보유하고 있는 가장 큰 이유는 무엇인지 궁금하기도 하다.

제 3 부

융자 부서에서

금고 안에서의 생활

'응, 이런 작업은 머리도 안 쓰고 고민도 안 해도 되니 내 적성에 딱 맞네. 평생 이 일만 하면 좋겠어' 하고 웃어 넘겼다. 나도 그런 지경이었는데 과장들은 더한 부끄러움을 느끼며 고민했을 것이다. 당해 보지 않은 사람은 아무도 모를 테지만.

▌평생 이 일만 하면 좋겠어

4월 말경 투자부문의 구조조정으로 약 12명의 사원이 타부서로 전배되었는데, 융자부문으로는 과장 2명, 대리 2명 등 총 4명이 배치받았다. 배치 발령을 받고 4명이 모여서 융자측 부장에게 인사하러 갔다. 간부 중에서 우리가 온다는 사실을 아는 사람은 한두 명밖에 없는 듯하였다. 부장과 임원에게 인사를 했는데, 거의 관심 밖이었고 제대로 인사도 못했다. 함께 온 대리한 명은 다른 쪽으로 발령을 받고 과장 2명과 나는 영업 쪽으로 발령을 받았는데, 그전에 삼성물산에서 옮겨온 과장 1명까지 총 4명이 금고에서 생활을하게 되었다.

처음 보름 정도는 전사의 인사 일정에 맞추어 발령을 내려고 기다리는 시간이었는데, 기다리는 우리에게 업무 협조가 내려온 것은 대출서류철을 정리하는 것이었다. 그냥 감사에 대비하기 위한 것이라고 했다. 함께 온 과장 중 1명은 2년 정도만 있으면 차장이 되는 정도의 고참 과장이었는데, 너무 단순 작업이라서 우리가 다 할 테니 쉬라고 해도 옆에서 잘 도와주었다. 생전 처음으로 하루종일 금고 안에서 시간을 보내니 컨디션이 말이 아니었다. 청소를 자주 하지 않았는지 퀴퀴한 냄새에다가 어두운 형광등 아래에서 온종일 서류 정리를 하려니 눈이 침침해지고, 특히 책상 가운데에 놓인 악취 제거용 향수는 냄새가 역겨웠다. 머리가 아파서 처음 며칠은 잘 마시지 않는 콜라를 하루에 두 병씩 마셨고 나중에는 아예 두통약을 한 알씩 복용하곤 했다. 그러나 내가 가장 힘이 들었던 점은 눈이 침침한 것이나 머리가 아픈 것이 아니었다. 아무에게도 말을 못했지만, 업무 배치도 빨리 못 받고 금고 내에서 신입사원도 하기 싫어할 정도의 단순한 서류 분류작업을, 과장 3명과 고참 대리인 내가 하고 있는 것을 융자 부서 사원들은 물론이고 직전에 있었던 다른 부서 사원들에게 보여 주는 것이었다. 특히 직전 부서에서도 유가증권을 금고에 보관하고 있었기 때문에 과장 한 명, 사원 한 명이 하루도 거르지 않고 금고로 왔는데, 인사상 '장 대리님, 이런 일을 시키는 것은 너무하지 않습니까?' 하면 나는 '응, 이런 작업은 머리도 안 쓰고 고민도 안 해도 되니 내 적성에 딱 맞네, 평생 이 일만 하면 좋겠어.' 하고 웃어 넘겼다. 나도 그런 지경이었는데 과장들은 더한 부끄러움을 느끼며 고민했을 것이다. 당해 보지 않은 사람은 아무도 모를 테지만.

▎서류 작업은 총 1만 건

함께 있던 고참 과장은 급호가 너무 높아서 본사에 있기가 맞지 않는 탓에 지역본부로 발령이 났고, 물산에서 전배되어 온 과장도 옆 부서로 발령이 났다. 나머지 과장 한 명과 나는 융자영업부 쪽에 계속 남아 있었다. 그 이후로는 서류작업을 기존의 융자영업부에 있던 사원들과 나 혼자서 함께 해나갔다. 해도 해도 끝이 없어서 옆에서 일하던 사원에게 건수가 얼마나 되는지 물었더니, 총 1만 건이 넘는데 크게 손대지 않아도 되는 것들도 많으니 걱정할 것 없다고 했다. 그리고 현재 5분의 1 정도는 했다고 덧붙였다. 다음 주부터는 융자영업 전 사원이 달라붙어서 할 것이니 그때에는 진도가 잘 나갈 것이라고 했다.

융자부 직원들의 인간미

하루종일 창구에서 고객을 맞아야 할 여사원과 매일 12시 이후까지 일하던 사원이
새벽에 대구까지 내려온 것이었다. 내가 그들에게 감사한 마음이 들었으니 과장은
얼마나 고맙고 대견했겠는가?

┃ 밤을 꼬박 새우고 다음날 고객 응대

위에서 감사 준비를 언제까지 하라는 일정에 대한 지시가 있자 전 부서원
이 남아서 야근에 들어갔다. 일의 분량을 정확하게 측정할 수가 없었기 때
문에 일이 언제 끝날지 몰라 무조건 열심히 해나가기만 했다. 하루는 전 사
원이 남아서 작업을 했는데 새벽 3시가 되어서야 끝을 냈다. 일이 끝난 것이
아니라 내일 출근을 위해서 일단 접어 두는 것이었다. 과장은 물론이고 여
사원 세 명까지 전원 남아서 밤을 샐 기세로 열심히 일했으나, 어차피 밤을
새워도 못 끝낼 일이었다. 융자영업부의 사원들은 다른 부서원과 달리 다음
날 창구로 찾아오는 고객들을 평소와 다름없이 맞아야 하기 때문에 늦게까
지 일하는 것이 능사만은 아닐 텐데 싶었다. 새벽 3시에 회사를 출발하여 집
으로 돌아온 시각은 3시 반이었고 목욕을 하고 나니 4시에야 눈을 붙일 수

있었다. 우리는 7시까지는 출근을 해야 하므로 늦어도 5시 반에 일어나야 했다. 회사에 가서 들어 보니 여사원들은 한잠도 안 자고 출근했다고 했다. 남자보다 목욕하는 시간이 길고 또 화장하는 시간까지 있으니 잘 시간이 없었을 뿐더러, 아예 자지 않는 쪽이 덜 피곤하다든가 한 번 골아떨어지면 못 일어난다는 논리로 눈도 안 붙이고 출근을 했다고 했다. 나야 금고 안에서 서류 정리만 하면 되지만, 하루종일 고객을 응대해야 하는 사원들의 입장에서는 매우 고된 하루였을 것이다.

▎밤샘한 다음날 회식에 졸면서도 전원 참석

그런데 나로서는 한 가지 걱정거리가 생겼다. 융자부문에 와서 정확한 소속도 정해지지 않은 상태에서 서류작업을 하다 보니, 융자부문 사원들에게 대해 정식 인사도 하지 못했던 상태였다. 정확하게 융자영업 소속으로 결정난 것이 그저께쯤이었다면 더 이상 늦어지기 전에 그날은 신고식으로 간단하게 한잔하자고 말해 놓았던 터였다. 아침에 주무대리가 그날 밤에 회식이 있다고 전할 때부터 '어제 밤을 꼬박 새운 사원들 이 무슨 회식을 좋아하겠는가.'라는 마음이 들었고, 하루종일 어떻게 하나 걱정은 되었지만 그냥 밀어붙이자는 생각에 그대로 두었다.

아무리 전날 밤을 새웠더라도 고객응대 부서는 늦게 마치게 마련, 일을 끝내고 부서를 나선 시각은 8시 가까이 되어서였는데, 단 한 명도의 예외도 없이 참석해 주어서 정말로 고마웠다. 다들 졸리는 터라 틈틈이 눈을 감는 사원들도 있었는데, 여사원 한 명은 너무 피곤해서 눈을 감은 시간이 더 많을 정도로 졸았지만 그 와중에서도 주무대리가 뭐라고 하면 정신을 차려 주는 예의와 군기는 있었다. 9시 반 정도에 자리를 떴는데, 2차를 가자는 소수 의견도 있었지만 장난기로 받아들이고 다들 집으로 돌아갔다.

▍과장의 부친상

감사 준비로 한창 바쁘던 어느 날, 과장이 부친상을 당해서 일과 중에 조퇴를 하고 고향인 대구로 내려갔다. 여사원, 기획하는 사원 등 특별히 일이 있는 사원을 제외하고 대리급들이 전원 8시 정도에 기차를 탔다. 11시가 넘어서 대구에 도착했고, 대구역에서 총알택시를 타고 40분 정도 달렸다. 상가에 도착하니 대구 지역본부에서 벌써 문상을 다녀갔고 그중 몇 명은 아직 남아서 손님을 맞는 등 일을 도와주고 있었다. 첫차가 새벽 4시에 있으니 밤 2시쯤에는 자리를 떠야 한다고 생각하고 과장과 이야기를 나누고 있는데, 가족 중 한 명이 어떤 여자가 전화를 하여 집을 찾더라고 전했다. 아무리 생각 해 보아도 여자가 찾아올 일이 없는데 하고 말들을 하던 중, 문득 한 명이 혹시 A라는 여사원일지도 모른다고 했다. A라는 여사원이라면 이 시간이라도 충분히 올 가능성이 있고, 기획하는 사원과 함께 올 가능성이 있다고 했다. 다들 어느 정도 수긍하는 가운데 약 30분 후에 우리들의 예상대로 그 여사원과 남사원 둘이 도착하였다. 9시 정도에 남사원의 집에 가서 자가용으로 출발하였다고 했다. 순간 가슴이 뭉클했다. 다음 날 일이 많은 줄 다알기 때문에 오지 않아도 과장이 이해할 것인데, 하루종일 창구에서 고객을 맞아야 할 여사원과 매일 12시 이후까지 일하던 사원이 새벽에 대구까지 내려온 것이었다. 내가 그들에게 감사한 마음이 들었으니 과장은 얼마나 고맙고 대견했겠는가? 어려운 회사생활 중에서도 이런 전통이 삼성생명인들에게 힘을 주지 않는가 싶었다.

매주 세 건씩 기획안을 제출하라

그 부서가 융자영업 부서이면 당연히 창구 업무와 연체율 관리가 기획 업무보다 더 중요한데도 간부들은 창구 업무와 연체율 관리를 대리에게 맡겨 놓고 있다가 월말에 가서만 챙기는 것이었다.

▌7시 출근, 10시에 퇴근하면서 '죄송합니다, 먼저 들어갑니다'

그 후로도 감사 준비는 지속되었는데, 다들 자기 본업이 있었기 때문에 업무시간인 4시 이전의 고정 멤버는 나 혼자였다. 여사원 둘이 오전이나 오후에 교대로 들어와서 나와 함께 일했고, 4시 이후에는 남사원들도 같이 일한다고 계획했지만 일이 많다 보니 실제로 남사원과 함께 일하는 것은 7시 이후에나 가능했다. 급한 일이 있는 사원과 기획 전담 사원, 주무 대리 등을 제외하고 난 인원이 저녁 식사까지 하고 나면 8시에서 10시까지 5~6명이 하는 정도였고, 그러다 보니 시간이 많이 걸렸다. 감사 준비는 결과적으로 총 두달 정도 걸린 것 같은데, 그동안 내가 퇴근한 평균 시간은 밤 9~10시였다. 그러나 그 정도는 명함도 못 내민다. 과장과 주무대리 그리고 기획을 전담한 사원의 평균 퇴근시간은 밤 11~12시였고, 특히 기획하는 그 사원은 12시가 넘어서야 퇴근하는 날이 더 많았다. 입사 때부터 일이 많은 경리 부서에서 신입사원 시절을 보내서(실제로 경리와 경영 지원 같은 부서는 내가 보기에 1년 동안 10시 이전에 퇴근하는 경우가 거의 없는 듯하다.) 단련이 되었다고 농담 반 진담 반으로 말하는 그 사원은 정말로 열심히 일했다. 새벽 1시쯤에 주무대리가 '미안해, 먼저 퇴근할게.' 하고 퇴근할 정도이니 매일 10시 정도에 나가는 다른 사원들은 마음속으로 먼저 퇴근하는 것에 대해서 항상 죄의식을 가지고 있었을 것이다. 나도 급호로 본다면 그들보다 더 늦게까지 일해야 한다고 삼성에 입사해서 배워 왔고, 또 당연히 그렇게 해야 한다고 생각했다. 실제로 나는 그렇게 일할 용의가 충분히 있었지만 그때에는 나에게 주어진 업무나 롤이 그렇게 할 당위성을 부여하지 못했기 때문에 나도 다른 사원과 함께 10시쯤이면 퇴근해 버렸다. 내가 후배들을 정말 아끼고 그들과 공정한 경쟁을 한다면 있을 수 없는 일을 했으니만큼 그들에게는 지금도 미안하게 생각한다.

▌영업 부서에서도 일주일에 세 건씩 기획안을 제출하라

그러면 왜 이 부서는 그렇게 열심히 일을 해도 일이 고질적으로 많은지 궁금할 것이다. 감사 준비에 총 두 달여를 소비한 점, 기본적으로 인원이 부족한 점 등을 꼽을 수 있으나 가장 큰 문제는 업무 본질 이외의 일에 간부들이 매달려 있기 때문이라고 본다. 사원들의 말을 빌리자면 간부들이 '생색내는 일'만 한다는 것인데, 그 생색내는 일이란 다름 아닌 기획성 업무이다. 무슨 부서이든지 기획은 반드시 필요하고, 기획이 있어야 장기적인 안목에서 부서를 효율적으로 이끌어 갈 수 있다는 것은 인정한다. 그러나 그 부서가 융자영업 부서이면 당연히 창구 업무와 연체율 관리가 기획 업무보다 더 중요한데도 간부들은 창구 업무와 연체율 관리를 대리에게 맡겨 놓고 있다가 월말에 가서만 챙기는 것이었다. 이 위에서 기획성 업무를 중요시하면서 '지금 하고 있는 업무는 기본이고 새로운 일을 만들어 내시오.'라고 하니, 그 밑의 모든 부서에서 서로 새로운 안을 먼저 만들어 내려고 야단이었다. 지금은 많이 나아졌지만 그 당시에는 부장이 과장들에게 과장 단위로 일주일에 3건 이상의 기획성 업무를 만들어 내라고 지시했다. 영업 부서에서는 지금 하고 있는 업무를 차질없이 진행하고, 그야말로 꼭 필요한 일이 있다면 인원과 시간을 쪼개어서 기획을 해야 하는데, 반대로 기획을 위한 기획을 하려니 힘이 들 뿐 아니라 당위성을 못 느낀다고 말했다. 말이 일주일에 3건이지 그것은 결코 쉬운 일이 아니었다. 주간 업무계획을 내는 금요일이면 새로운 것이 없는지 찾아내느라고 하루 종일 고민해야 했다.

행사의 전문가

국내 최대의 자산을 운용하는 '삼성생명의 두뇌'라고 할 수 있는 재무기획실 사원들에게, "지난번 체육대회는 참 굉장했습니다. 이제는 나가서 이벤트 회사를 차려도 되겠습니다."라고 말하는 것을 안 들어 본 사람은 없으리라 생각된다.

▌행사의 전문가

1998년까지 삼성생명의 자산운용 부문이 국내, 아니 세계 어느 생보사에 비해서도 경쟁력을 확보한 분야는 체육대회나 산행, 오락회 등의 행사였다고 생각된다. 약 3년 전에 체육대회를 할 때에는 주무 부서인 재무기획실을 필두로 부서별로 전담 인력들이 한 달 전부터 모여 마스터 플랜을 짜고 세부계획을 수립하여 사전답사와 연습을 하는 등 한치의 빈틈도 없이 준비를 했다. 본부 전체가 온통 체육대회와 관련된 일이었다. 그러나 해를 거듭할수록 노하우가 축적되어 체육대회 운영 매뉴얼만 하더라도 부서별로 한 권씩은 된다는 말이 있을 정도였다. 국내 최대의 자산을 운용하는 '삼성생명의 두뇌'라고 할 수 있는 재무기획실 사원들에게, "지난번 체육대회는 참 굉장했습니다. 이제는 나가서 이벤트 회사를 차려도 되겠습니다."라고 말하는 것을 안 들어 본 사람은 없으리라 생각된다. 반면에 이 시대의 '보통 사원'들은 매년 두 번씩 돌아오는 체육대회나 산행에 대한 공문이 내려오면 '이번에도 그전처럼 한다지요?' 하면서 한숨을 짓는다. 체육대회는 항상 토요일 오후에 일정이 잡히는데, 오전 10시 정도에 행사장을 향해 버스에 몸을 싣고 떠나면 밤 10시가 되어서야 끝이 나기 때문이다. 그리고 사원들은 50명 내외인 부서별로 오붓하게 체육대회를 하고 싶어하지만, 임원들은 언제나 몇백 명이 모여서 큰 잔치를 벌이는 것을 좋아하고, 큰 행사를 치르라고 지시하는 것이다.

▌제1라운드는 신나지만

체육대회 그 자체는 재미있다. 처음엔 '막갈레나 춤'과 같은 율동을 직접 배우면서 시작된다. 간단하게 축구를 한 게임 하고 나면 식사시간이 된다. 점심은 대회장에서 열린 먹거리 장터에서 사원들이 직접 만든 음식을 사 먹는다. 그 수익금은 불우이웃돕기 등에 사용된다. 음식은 주로 여사원들이 장만하지만, 남사원도 여사원만큼 동원되고 파트별로 과장도 한 명씩 배정되는 것 같다. 파전, 오뎅, 닭 바베큐, 돼지갈비, 과일, 마른안주, 아이스크림, 떡볶이, 튀김 등 약 스무 가지 정도의 음식을 선보이는데, 그 전날 직접 시장을 본 다음 당일에 일찍 와서 음식을 만들어 낸다. 거기에 동원되는 사원들만 해도 몇십 명은 되는 것이다. 점심을 먹고 나면 '내가 최고' 게임이 벌어진다. 그 게임에서는 여러 가지 장기자랑이 열리는데, 자기가 잘하는 코너에 가서 기록을 재고 우승을 하면 상을 받는 것이다. 팔굽혀펴기, 동전 높이 쌓기, 물구나무 서서 멀리 가기, 신발 멀리 차 날리기, 홀라후프 두 개를 동시에 오래 돌리기 등 다양하게 펼쳐진다. 장기자랑은 옆에서 보기만 해도 재미있다. 본격적인 점수 경쟁 시합이 청팀, 백팀으로 나누어져서 진행되면 더욱 신이 난다. 배구와 피구는 물론이고 부서별로 빨대로 맥주 많이 마시기는 벌써 단골 종목이 된 지 오래이다. 피날레는 역시 부서별로 열리는 계주경기이다. 임원, 부장, 과장, 사원, 여사원 등 직급별로 구성된 계주가 끝나면 부서별, 점수가 집계되고 체육대회는 끝이 난다.

▌ 임원들을 위한 오락회

여기까지는 다들 재미있게 하는데, 그 다음부터가 사원들이 제일 싫어하는 순서이다. 오후 5시 정도가 되면 사원들은 집에 돌아가고 싶은 마음이 굴뚝 같지만 그때부터 제2라운드가 시작된다. 올해에도 대충 그 시간대에 소머리국밥을 저녁으로 먹고 오락회(이름은 '한마음대회'라든가 그때그때 달라지지만) 장소로 속속 들어갔다. 진행은 약 여섯 개의 부서가 부서별로 장기 자랑을 하는데, 그 사이사이에 임원들이 노래를 부르는 방법으로 진행되었다. 지난번 체육대회 때에는 사원들의 장기자랑이 다 끝난 후에 임원들이 순서대로 노래를 불렀는데, 임원들끼리 노래를 서로 부르려고 다투었기 때문에 이번에는 사원들 장기자랑 사이사이에 넣었다는 것이 주최측의 설명이었다. 생각해 보니 지난번 대회 때에 우리 임원이 노래를 부를 차례였는데 '짬밥'이 높은 다른 임원 때문에 두 번이나 뒤로 밀리자 화를 냈던 일이 있었다. 전문 사회자가 자신을 소개한 후 부서별 응원전을 시작으로 오락회가

삼성인 샐러리맨
삼성문화 대기업문화

진행되었다. 사원들은 에어로빅, 삼바댄스, 태권도 격파 등 부서에 따라서는 몇 주일 동안 준비한 장기들을 선보였고, 역시 삼성생명 사원들의 자질은 거기서도 알 수 있었다. 정말 프로 수준의 장기들이었다. 그런데 솔직히 말해서 분위기를 다 깨는 것이 임원들의 노래 시간이었다. 그냥 사원들이 재미있게 놀면 되는데, 꼭 임원들이 나와서 노래를 부르는 프로그램을 짜야 하는가 하는 불만은 오래전부터 높았던 터였다. 올해에 임원들이 부른 노래들은 조용필의 '친구여', '대전부루스', '아침이슬' 등이었으니 사원들이 오죽 지겨웠겠는가? 응원 도중에 임원이 맥주잔을 들고 응원석 스탠드를 돌며 소주를 따라 주었다. 그 뒤를 이어 부장 역시 맥주잔을 들고 이리저리 돌며 소주를 따라 주었다. 그냥 소주 한 병을 깡으로 마시는 격이다.

충성 경쟁에 예외는 없다

모든 임원들의 불필요한 행동들이 스탠드 저 끝에 앉아서 지켜보고 있는 '보스'의 마음에 들기 위해서라는 것을 전 사원들이 다 알고 있는데, 매년 그런 식으로 되풀이하고 있으니 얼마나 한심한 일인가?

▌체육대회, 오락회에서도 충성 경쟁

한 임원이 노래를 끝내고 들어가기 전에 스탠드 저 끝 위에 앉아 있는 자신의 상사를 향해 거수 경례를 하며 "○○님 열심히 일하겠습니다."라고 외쳤다. 다음 다음에 나온 다른 부서의 임원도 자신의 노래가 끝나자 사원들의 무등을 타고 들어오면서 역시 스탠드 맨 위에 있는 자신의 상사를 향해서 깍듯이 거수 경례를 하였다. 나중에는 그 임원이 태권도 시범을 하기 위해 나와서 머리로 벽돌을 깨고 들어가려는 선수들을 불러 세운 후, 맥주잔가득 소주를 채워 한 잔씩 돌려 주었다. 사회자도 약간 황당했는지 '머리로 벽돌을 깨고 나서 맥주잔으로 소주를 마시면 돌아버릴 것'이라며 우스갯소리를 했다. 또 평소에 점잖기로 소문난 다른 임원조차 바람을 잡기 위해 부서 응원 때에 웃통까지 벗는 열의를 보였다. 모든 임원들의 불필요한 행동들이 스탠드 저 끝에 앉아서 지켜보고 있는 '보스'의 마음에 들기 위해서라는 것을 전 사원들이 다 알고 있는데, 매년 그런 식으로 되풀이하고 있으니 얼마나 한심한 일인가? 그때쯤 되면 사원들은 으레 '이게 임원들 놀라고 마련한 자린가? 그러려고 이렇게 늦은 시간까지 사람을 잡아놓느냐?'며 불만을 터뜨렸다. 행사가 끝나는 시간은 거의 9시 정도인데, 장내의 쓰레기를 정돈하고 버스를 타고 집으로 오면 밤 11시가 넘는다. 부서별로 중간 지점에 내려서 2차를 하는 것이 보통이다. 올해 우리 부서에서는 2차가 없었다. 다음날인 일요일에도 전원 출근할 예정이었기 때문이었다. 집으로 돌아오면 아이들은 곤히 잠들어 있고 기다리던 부인들이 파김치가 된 남편을 맞이할 것이다. 오늘 하루 남편들이 무슨 일을 어떻게 하고 돌아왔는지 알 길이 없는 부인들은 남편이 회사 사람들과 하루종일 재미있게 놀다가 돌아온 줄로만 알 것이다.

▌바자회로 사회에 공헌

재작년 체육대회 때에는 대회 시작 직전에 바자회를 연 적이 있었다. 자기 집에서 쓰지 않는 두세 점의 물건을 싼 가격으로 내놓고 그 가격의 일정분만큼 쿠폰을 받는다. 그 쿠폰으로 다른 사람이 내놓은 물건을 사고, 더 사고 싶은 물건은 현금을 내고 사는데, 이 현금 수입으로 불우이웃 돕기를 한다. 지금 내가 차고 있는 시계도 거기서 5천 원을 주고 산 것이다. 바자회는 처음 하는 행사라서 행사 약 한 달 전부터 바자회에 대한 공문이 내려왔다. 부서별로 담당자가 한두 명씩 정해졌는데, 우리 부서는 내가 주로 담당하였다. 먼저 자신이 내놓을 만한 물건을 두세 점씩 적어 내고 가격을 정하는 취합 작업 을 하였다. 처음에는 사원들이 서로 내놓을 만한 물건이 없다고 해서 실적이 저조했다. 조회시간에 공지사항으로 독려하기를 몇 차례, 실적의 반 정도를 달성했을 때에 물품 취합 실적이 저조하자 토요일마다 있는 임원 회의에서 가장 높은 임원이 다른 임원들에게 '임원들이 솔선수범해야 할 것 아닌가?'라며 질책했다고 한다. 이튿날 아침에 각 임원들마다 자신이 내놓을 물건을 사원들에게 발표하기 시작했다. 어떤 임원은 삼성물산의 '에스에스 패션'으로부터 협찬을 받은 티셔츠 20여 장을 내놓겠다고 했으며, 한 임원은 애들이 어렸을 때에 썼던 바이올린을 내놓았고, 모 임원은 양주를, 모 임원은 골프채를 내놓는 등 바람을 잡기 시작했다. 부서마다 구성원들의 특성이 조금씩 다른데, 솔직하게 말해서 내가 있던 해외사업부는 '까라면 깐다'는 식의 군대문화가 아니라 개개인의 자율이 강조되던 부서라서 물품을 걷는 데에 애를 많이 먹었다. 그래도 일정이 다가오면 안 되는 게 없는 법, 예를 들어 부장은 다섯 종류 이상, 과장은 세 종류 이상, 대리는 두 종류 이상 등의 직급별 강제 할당량을 내려 부서별 목표량을 맞추었고, 가격도 타 부서의 가격을 참고로 하여 당사자에게 낮추도록 하는 등 물품 조달과 가격 계획을 끝낼 수 있었다. 이틀 전부터는 자신이 써낸 물건을 회사로 가져와서 쌓아 놓았고, 하루 전에는 쿠폰이 지급되었다. 그리고 한 사람이 몇 점 이상 사지 못하도록 하는 규정도 마련하고 당일 돈과 쿠폰을 받아 넣는 통도 준비하였으며, 나중에 나간 물건과 들어온 쿠폰과 돈을 맞추어 보는 계획도 하달되는 등 만반의 준비를 기했다. 드디어 행사 당일 바자회 준비위원들은 행사장에 먼저 도착해서 물건들을 진열했다. 실내에 각 부서별 코너를 배당하고 거기에 부서별로 보기 좋게 진열하였다. 두 시간 정도의 작업 끝에 진열이 거의 끝났다. 그 즈음에 임원이 도착하여 행사장을 둘러보았다. 다 둘러본 임원이 나가면서 '실내가 좀 좁으니 바깥에 내는 게 어떠냐.'고 한마디 했다. 그 즉시 부장이 달려와서 몇 개 부서의 물건을 밖에다 전시하라고 지시했다. 두어 시간 동안 준비했던 것을 다시 밖으로 내어 전시하라는 말에 사원들이 빨리 움직이지 않고, 그냥 안에서 하면 안 될까 하는 표정들을 짓자 담당 간부가 얼굴을 붉히며 큰 소리로 사원들을 꾸짖었다. 사원들은 그 말에 놀라서 날아갈 듯이 물건을 밖으로 내어 갔다. 나중에 밖에서 물건을 팔다 보니 역시 안에서보다 밖에서 하길 잘했다는 생각은 들면서도 간부의 그 표정과 고함 소리는 사원들의 마음을 멍들게 했다는 느낌은 지울 수가 없었다.

▌그 시간과 노력, 조직과 인력으로 자산운용을 하라

주최측인 재무기획부에서도 대부분의 사원들이 이런 식의 행사를 싫어한다는 사실을 알고 있다. 그럼에도 불구하고 매 년 두 번씩 행사를 강행하는 이유를 납득하기 어렵다. 부서 내 단합을 도모하고 부서 간의 유대관계를 강화시키기 위해서 그런 행사가 꼭 필요하다고 생각하는지도 모르겠다. 그러나 이제는 왜 그렇게 사원들이 극도로 싫어하는지 이유를 따져보고, 정말로 사원들이 싫어한다면 사원들이 싫어한다는 그 이유 하나만으로 그런 행사를 하지 않는 것도 고려해 보아야 한다. 그리고 어느 누구도 그런 일을 할 시간과 노력과 조직력으로 자산운용다운 자산운용을 하라는 요구는 거부할 수 없다고 생각한다.

어려운 시대, 더 어려운 연체 담당자

상대방이 강하게 따지고 나오면 나도 마음 편하게 빨리 이자나 정리하라고 말할 수
있었는데, 상대방에서 혹시 기운 빠지는 목소리로 '정말 열심히 노력해 봤는데 집도
안 나가고 도저히 안 되네요, 이제 경매를 넣든지 선생님 알아서 하세요'라는 식으로
나오면 나도 맥이 탁 빠져 버렸다.

▌어려운 시대, 더 어려운 연체 담당자

　감사 준비를 끝내고 내가 맡은 업무는 부동산 대출에 대한 연체 관리였
다. 부동산을 담보로 돈을 빌려가서 이자를 제대로 내지 못하는 사람들에
게 전화를 걸어 언제까지 이자를 내지 않으면 담보로 잡힌 집을 경매에 넣
겠으니 빨리 이자를 내라고 연락하는 일이었다. IMF 체제 이후 높은 실업률
과 소득감소, 물가상승 등으로 인해 우리나라의 신용불량 건수가 사상 처음
으로 5백만 건을 돌파하고 신용 불량자가 2백 30만 명을 넘어섰다는 발표가
나오는 시점에서 부동산 대출 연체를 담당하는 내 마음은 착잡했고, 연체자
들의 일이 남의 일 같지가 않았다. 이자를 제 때에 못 내는 연체의 가장 큰
원인은 실직이었다. 평소에 이자를 잘 내다가도 일단 실직 상태에 들어가
면 서너 달 정도 겨우 버틸 뿐, 그 후로는 먹고 살 돈도 없는데 이자는 차후

의 문제가 될 수밖에 없는 것이다. 다음으로는 보증을 서 주었다가 피해를 입은 사람들이 많았 다. TV에서도 12억 원을 보증 서 주었다가 가진 재산을 완전히 빼앗기고 요리 학원에 나가서 요리를 배우는 사람이 소개되는 것을 본 적이 있는데, 향후에는 자기가 이자를 못 갚아서 문제가 되는 것만큼 보증을 서 주고 망하는 사람도 많아질 것이라고 생각되었다. 집을 내놓고 넉 달이 지나도 보러 오는 사람이 없어서 집만 나가면 대출금을 다 갚을 테니, 그때까지만 기다려 달라는 사람, 매일매일 수금 중인데 3일만 더 수금하면 돈이 되니 3일만 기다려 달라는 사람, 형님이 부도가 나서 형님 문제를 우선 해결해야 하니 조금만 기다려 달라고 하는 사람 등 연체의 사유는 가지가지였다. 어제 전화했을 때 내일은 꼭 내겠다는 사람이 오늘 와서 가게 점원이 돈을 몽땅 가지고 도망을 갔다고도 하고, 자기 명의로 대출을 받았지만 실제로는 자기 아버지와 형님이 썼으니 자기한테는 연락하지 말라는 사람도 있었다. 부인 몰래 대출을 받아 사정이 딱한 부하 사원에게 빌려 주었는데, 내가 집으로 전화를 하는 바람에 탄로가 나서 부부간에 믿음이 허물어졌다고 원망하는 사람도 있었다.

▎ 상대가 강하면 편하고, 상대가 약하면 불편한 마음

사정이야 어떠하든간에 담당자는 한 건의 예외도 없이 연체정리를 다 해야 하는 입장이다. 며칠까지 이자를 정리하겠다고 약속을 해 놓고는 그날 가서 돈이 안 들어와 전화를 해 보면 또다시 언제까지 기다려 달라고 할 때에는 나도 화가 났다. 이자를 안 내고 애를 먹이면서 이자율이 높다고 오히려 따지는 사람에게는 나도 큰 소리로 싸웠고, 자기가 연체를 하면 삼성생명은 연체 이자를 더 받으니 좋지 않느냐고 말하는 사람에게는 '우리는 연체 이자 보고 하는 장사가 아니고 정상 이자면 충분하니 연체하지 말고 이자를 제 때 내달라'고 답한 것이 수십 번이다. 상대방이 강하게 따지고 나오면 나도 마음 편하게 빨리 이자나 정리하라고 말할 수 있었는데, 상대방에서 혹시 기운 빠지는 목소리로 '정말 열심히 노력해 봤는데 집도 안 나가고 도저히 안 되네요, 이제 경매를 넣든지 선생님 알아서 하세요'라는 식으로 나오면 나도 맥이 탁 빠져 버렸다. 평소에 연체를 많이 해 본 사람은 내가 아무리 재촉을 해도 능글능글하면서 해 볼 테면 해 보라는 식으로 나오는 반면에, 연체를 해 보지 않은 평범한 사람은 '언제까지 이자를 내지 않으면 법적 조치를 강구하겠다'고 말만 해도 겁을 먹으며 죄송하다는 말을 몇 번이나 하는데, 이럴 때에도 역시 맥이 빠졌다.

내 집이 있어도 대출은 꿈도 못 꿔

지금 돈이 필요한 고객이라면 사정이 딱한 사람일 테고, 사정이 딱한 사람은 향후에 연체할 위험성이 높기 때문에 대출을 동결한다는 논리이다. 결과적으로 전 국민이 신용 위험이 있는 것이고 믿지 못하는 대상이라는 것이다.

▌전 금융기관 6천만 원 내 집으로 4백만 원 대출 가능

모 신문에 '6천만 원 내 집으로 4백만 원 대출 가능'이라는 기사가 났는데, 금융기관의 대출 기피로 자기 집을 담보로 대출을 받으려고 할 때에 집을 가진 사람도 대출을 얼마 받지 못한다는 내용의 기사였다. 내가 융자부에서 일해 보니 그 기사에 난 당사자의 마음이 충분히 이해가 갔다. 오래 전에 2억 원을 주고 자기 집을 산 사람이 집 값은 많이 내렸지만 그래도 1억 5천만 원은 나간다고 믿고 있다는 가정을 하자. 그 사람이 일반 금융기관에서 얼마나 융자를 받을 수 있을까? 먼저 그 사람이 살고 있는 동네에서 같은 평수의 아파트가 '부동산뱅크지'에 1억 2천~1억 4천만 원에 나와 있다면 하한가인 1억 2천만 원이 시세가 되고 그 아파트의 감정가는 0.7배에 해당하는 8천 4백만 원밖에 안 된다. 만일 그 집의 일부를 누구에게 전세를 주고 있다면 전세금만큼은 대출액에서 제외해야 하므로 이 경우는 대출을 거의 받지 못한다. 전세를 주지 않고 자기가 살고 있는 집이라면 서울시의 경우 방 하나 값인 천 2백만 원을 제하고 나면 7천 2백만 원의 심사가가 나온다. 이 심사가의 0.7배인 5천만 원이 대출가능 금액이 된다. 아파트라서 5천만 원이라도 가능하지, 일반 주택이라면 같은 경우라도 대출가능 금액이 3천 6백만 원 수준으로 떨어진다.

그 밖에 담보물의 위치나 기설정금액 등에 따라 금융기관에서 추가 감액을 할 수 있으니, 결과적으로 전세를 주고 있거나 선순위 설정금이 있거나 한다면 내 집이 있어도 대출을 받을 수 없다고 말할 수 있고, 신문의 '6천만 원 내 집으로 4백만 원 대출'이라는 것이 거짓말이 아님을 알 수 있다.

▌단돈 백만 원이라도 대출받는다면 다행

자기 집을 가지고 단돈 백만 원이라도 대출을 받을 수 있으면 그나마 다행이다. 다들 잘 알겠지만 1998년에는 금융기관에서 일반 고객에게 대출을 동결한 지 오래되었다. 가끔 떨리는 목소리로 전화를 해서 자기 집을 담보로 대출받고 싶다는 사람이 있다. 그러나 당시에는 전 금융기관에서 단돈 한 푼도 신규로 대출하지 않았다. 지금 돈이 필요한 고객이라면 사정이 딱한 사람일 테고, 사정이 딱한 사람은 향후에 연체할 위험성이 높기 때문에 대출을 동결한다는 논리이다. 결과적으로 전 국민이 신용 위험이 있는 것이고 믿지 못하는 대상이라는 것이다. 지난해 금융기관은 사회적 역할이라거나 금융기관이 오히려 신용불량자를 양산한다거나 하는 말에는 귀를 기울일 여유가 없었던 것으로 생각된다.

보증인 세우기

"이러다가 돈 있는 우량 고객은 더럽다고 다 갚아버리고 돈 없는 고객만 우리 회사에 매달려 있게 되겠어." "다음에 돈이 남아 자금을 팔려고 할 땐 다들 삼성생명에서 다시는 안 빌리려고 할 거야."

▌ 보증을 세우는 사람과 안 세우는 사람

부동산 연체관리를 한 달간 한 후 담보보강 업무를 맡게 되었다. 대출건에 대해서 추가로 보증인을 세우거나 부동산 등의 담보물을 설정함으로써 부실 우려 대출에 대해 안전성을 보강하는 업무였다. 그러면 당사자들은 순순히 보증인을 세우겠는가? 하는 의문이 드는데, 상식적으로는 보증인을 세우는 것이 거의 불가능하다. 법적 지식이 모자라고 천성적으로 순진하며, 주위에 물어볼 사람이 없는 힘없는 사람은 아주 큰일이 나는 줄 알고 보증인을 알아보겠으니 기한을 달라고 사정을 한다. 그러면 언제까지 기한을 주고 그때까지 아무 연락이 없으면 다시 연락을 해서 '보증인을 늦게 세우면 모종의 법적 조치가 취해짐'을 경고한다. 그 정도에서 힘없는 사람들은 어떻게 해서든지 보증인을 구해 온다. 그러나 연체를 많이 해 보아서 이 방면에 대해 훤하게 잘 알고 있는 사람들과 주위에 금융기관에서 일하는 친척이나 친구가 있는 사람들, 그리고 자기가 조금 배웠다고 잘난 척하는 사람들은 절대로 보증을 세우지 않는다.

▌ 착하고 죄없는 사람들

일반 대출자의 경우에도 처음부터 순순히 보증을 세우겠다고 하는 사람은 열 명에 한 명 있을까 말까 하는 수준이었다.

대부분의 대화는 다음과 같은 범주를 벗어나지 못한다.

"지금 이자를 잘 내고 있는데 왜 보증인을 세우라는 겁니까?"

"지금은 연체된 것이 없지만, 그동안의 거래를 기초로 매년 신용등급을 평가하는데, 고객께서는 대출 후 총 연체가 60일이 초과되어 신용등급이 낮아지셨습니다."

"그렇다고 이자를 잘 내고 있는데 보증인을 세우라는 법이 어디 있습니까?"

"가계용 여신거래기본약관 제5조에 채무자의 신용이 악화된 경우, 추가 담보나 추가 보증인을 요구할 수 있도록 되어 있습니다."

"그러면 애초에 알려 주셨어야죠. 나는 그런 사실을 들은 적이 없습니다."

"저희가 모든 대출에 대해서는 창구에서 설명하고 있습니다. 그리고 창구 앞에 약관을 비치하여 한 부씩 드리는데, 오래되어서 선생님께서 기억이 잘 안 나시는 것입니다."

"선생님도 아시다시피 요즈음 보증인 세우는 것이 얼마나 어렵습니까? 누가 보증을 서 줍니까? 보증 안 세우면 안 되나요? 이제부터는 절대로 연체가 없도록 하겠습니다."

"보증인 세우고 안 세우는 것은 제 소관이 아닙니다. 회사에서 리스트가 내려오기 때문에 제가 임의로 빼드릴 수는 없습니다. 그리고 지금 아무리 보증을 안 세우시더라도 리스트에 올라간 이상 언젠가는 꼭 세워야 하니 조금이라도 일찍 세우시는 것이 좋습니다."

"잘 알겠습니다만, 정말 보증 세울 사람이 없습니다."

"저희가 특별히 보증인 자격을 완화했습니다. 부인이나 부모님은 물론이고 자녀분까지 보증을 서서도 됩니다. 친구분이나 직장 동료까지 잘 생각해 보십시오. 근로소득자나 재산세 납부자이면 금액에 관계없이 가능합니다."

"그러면 한 번 알아는 보겠는데요, 혹시 보증인을 구하지 못해서 보증을 못 세우게 되면 어떻게 됩니까? 경매나 압류를 당하게 됩니까?"

"지금 당장 어떤 조치를 취한다고는 말할 수 없지만, 어떤 조치를 취하게 될지 아무도 모르기 때문에 그런 상황은 될 수 있는 대로 피하셔야 합니다. 그리고 어차피 보증은 세우셔야 하는데요."

"알겠습니다. 언제까지 세워야 합니까?"

"이번 달 안으로는 반드시 세워야 하는데, 잘못해서 월말이 넘어가면 큰 일납니다. 20일경에는 방문하셔야 합니다."

"알겠습니다. 곧 연락드리겠습니다. 잘 부탁드리겠습니다."

▌똑똑한 사람들

그런 식으로 하여 결국 보증을 세우겠다고 하는 사람은 열 명에 두서너 명 정도이고 나머지는 절대로 못 세운다고 한다.

"지난 달에 연체하다가 이자 낼 때에 앞으로는 잘 내겠다고 약속했고, 그래서 받아줬지 않습니까? 한 달도 안 지나서 또 보증인을 세우라는 데가 어디 있습니까?"

"만기가 연말이고 이제 넉 달밖에 안 남았는데, 무슨 보증을 세웁니까? 넉 달 동안 내가 이자 안 내겠어요?"

"내가 무슨 연체가 있다고 그래요? 요즈음 와서 연체 한 번도 안 했어요. 예? 옛날에 했다고요? 그건 옛날이잖아요."

"나는 연체 없어요. 아, 그거요? 그때에는 자동이체가 잘 안 되어서 그랬고, 그 다음부터는 잘 들어갔잖아요?"

"정 그렇게 나오시면 다다음 달까지 원금을 다 갚아 버릴게요. 그러니 그때까지는 보증인 세우라는 전화하지 마세요."

"내가 보험을 3개나 넣고 있는데 그 돈 떼어먹겠어요? 보험 부어 넣은 것만 해도 얼마인데."

"아이구 보증인을 두 명씩이나 세웠는데, 무슨 보증을 또 세우라고 합니까? 돈 천만 원에 보증인 두 명이면 충분하지, 또 세우라니 가당치도 않군요."

"그동안 잘 갚아 나오다가 이제 2백만 원 남았는데, 그것도 보증인이 있는데 또 보증을 세우라는 것이 말이 됩니까?"

이런 사람들이 대부분이다.

▌내게는 역부족인 사람들

별다른 이유를 대지 않고 무조건 보증인을 못 세우겠다는 사람도 많다.

"나도 보증 서 주었다가 망한 사람인데 남에게 어떻게 보증을 서 달라고 합니까? 그러면 내가 양심 불량이지요."

"보증인이 중요합니까? 그보다도 왜 그리 금리를 높이 받아요? 금리나 빨리 내려 주세요."

"지금 IMF인데 보증인이 어디 있습니까? 이제부터는 절대로 연체 안 합니다. 지금부터 연체하는 순간, 그 순간에 바로 보증인을 세워 드릴게요. 약속합니다."

"보증은 못 세우고요, 일단 찾아가서 말씀드릴게요, 제 말 들어 보시면 압니다. 거기가 옛날 동방프라자 맞죠?"

"법인에 계신 부장님이 나는 보증 안 세워도 되게 전화해 준다고 했는데, 그런 전화 안 받았어요?"

▌싸움은 시간 문제

이 정도로 강하게, 혹은 막무가내로 나오는 사람에게 내가 조금이라도 받아치면 곧 싸움이 된다.

"나도 은행에서 일합니다. 그렇게 무리하게 밀고 나가면 다칩니다."

"선생님 직급이 뭐예요? 대리라고요? 일단 부장 한 번 바꿔 주세요. 예? 선생님하고 얘기하라고요? 선생님하고는 말이 안 통하잖아요."

"거기 삼성생명 소비자 상담실 바꿔주세요. 예? 그런 데가 없다고요? 그러면 내가 찾아내서 전화할 겁니다."

"제일 돈 많은 삼성에서 이러시면 안 됩니다."

고객들의 이런 험담을 듣고 있자면 삼성생명 창구에서 일하고 있는 모든 직원은 물론이고 설계사들에게까지 화가 미치지 않을까 하고 걱정스러웠다.

실제로 사원들끼리 이런 이야기는 보통이다.

"이러다가 돈 있는 우량 고객은 더럽다고 다 갚아버리고 돈 없는 고객만 우리 회사에 매달려 있게 되겠어."

"다음에 돈이 남아 자금을 팔려고 할 땐 다들 삼성생명에서 다시는 안 빌리려고 할 거야."

고객의 목소리에 귀를 기울여야

먹이사슬 이야기이다. 건물의 경비는 사장에게 잘 보여야 하고, 사장은 공무원에게 잘 보여야 한다. 공무원은 기자들에게 약하고, 그 기자는 건물 출입할 때에 경비에게 잘 보여야 한다는 것이다.

▎금리도 고객의 입장에서 생각한다면

삼성생명에서 받고 있는 금리가 너무 높으니 낮추어 달라는 전화가 많이 걸려 왔다. 지난 1997년 말과 1998년 초 IMF 충격으로 인해 시중 금리가 한때 30%까지 치솟았고, 4월까지만 해도 콜금리가 20%를 넘었었다. 그 기간 동안 삼성생명은 1.5%, 2%, 1.5% 포인트씩 순차적으로 금리를 올려 총 5% 포인트를 인상한 바 있다. 6월쯤에 들어서면서 정부의 저금리에 대한 강력한 의지에 힘입어 금리가 급격히 떨어지고 있었으며, 현재는 1년짜리 정기예금의 이자가 한 자릿수대에 진입하는 등 10%대 이하에 머물고 있다. 고객들은 자기 돈을 은행에 넣으면 세금 떼고 10% 이자도 못 받는데, 삼성생명 대출 이자가 훨씬 높으니 당연히 금리를 낮추어 달라고 하는 것이었다. 전화가 오면 우리는 시중금리가 낮아지더라도 언제 또다시 오를지 모르기 때문에 즉시 금리를 내릴 수는 없으며, 그리고 보험 수신금리, 즉 보험을 드는 고객에게 내어 주는 금리가 있기 때문에 시중금리와 단순 비교해서는 안 된다고 대답했다. 더 길게 따지는 고객이 있으면 금리 담당 부서로 전화를 돌려 주었다. 한창 때에는 내가 하루에 서너 통의 전화를 받았을 정도이니 그런 전화는 엄청나게 많은 수준이다.

그러나 고객 입장에서는 쉽게 납득이 가지 않을 수 있고, 가끔씩 금융기관이 여수신 금리차를 통해 지나친 수익을 얻는다는 신문 보도도 나기 때문에 금리를 내려 달라는 전화를 하는 것도 충분히 이해가 갔다.

"○○인데요, 제 대출금 금리가 지금 얼마나 되죠? 예? 요사이 금리가 그렇게 많이 내렸는데 삼성생명에서는 안 내리나요?"

"지금 검토 중인데요, 곧 인하 조치가 있을 겁니다."

"아니, 금리를 올릴 때에는 금방 올리더니 내릴 때에는 왜 금방 안 내립니까?"

"시중금리가 변동이 심하니 조금 더 지켜보면서 단계적으로 내릴 예정입니다."

"아 그러니까, 금리가 오를 때에도 조금 더 지켜보지 않고 그렇게 빨리 올렸으니까 내릴 때에도 그렇게 해야 한다는 것이 제 말 아니겠습니까?"

"그래서 저희도 다음 달부터 금리를 내릴 계획입니다."

"그렇습니까? 그러면 다음 달이면 바로 다음 주인데 금리를 얼마나 내립니까?"

"우선 다음 달에 1% 포인트를 내리고, 향후 지속적으로 내릴 계획입니다."

"아니, 그러면 내리는 것도 아니네요?"

삼성인 샐러리맨
삼성문화 대기업문화

여기서 그치지 않으면 서로 언성을 높이거나 금리담당 부서로 전화를 돌려 준다. 금리 결정에 대해서는 전문가들이 회사의 장단기 수익을 보아 가면서 결정하는 것이니 나는 금리에 대해선 잘 모른다. 그러나 조금 더 고객의 입장에 서서 금리 인하에 대해 검토해 볼 여지는 있다고 생각한다.

▌먹이사슬

경영자들은 '고객은 왕이다.', '가족 사랑 이웃 사랑'이라고 강조해 왔다. 회사가 잘 나갈 때에는 말할 필요도 없고 비록 경 영이 어려울 때일지라도 그런 말을 실천해야 한다고 생각한다. 이런 농담을 들은 적이 있다. 먹이사슬 이야기이다. 건물의 경비는 사장에게 잘 보여야 하고, 사장은 공무원에게 잘 보여야 한다. 공무원은 기자들에게 약하고, 그 기자는 건물 출입할 때에 경비에게 잘 보여야 한다는 것이다. 마찬가지로 창구 직원들은 상사의 눈치 보느라고 바쁘고, 상사들은 경영자의 그림자라도 철저히 모신다. 그런 경영자는 고객을 우러러보지만, 그 고객은 융자 창구 직원에게 사정을 해야 한다. 말이 되는지 모르겠다.

따뜻한 이야기도

그때 혼자 놀고 있던 꼬마 아이가 눈앞에서 아른거렸다. 해질 무렵 하교길에 아이들이 군것질하는 것을 보니 저녁도 제대로 못 먹을 그 아이가 생각났다. 후배는 가까운 가게로 들어가서 주스 한 병과 과자, 빵을 조금 산 후 다시 돌아가 할머니께 전했다.

▌어느 연체 고객

여기에 나온 고객들에 대한 이야기가 융자 부서의 전체적인 모습을 대변하지는 않는다. 한 후배에게서 들은 이야기를 통해 삼성생명 융자 부서의 따뜻한 모습도 소개하고자 한다. 한참 증권사 직원들의 감원 바람이 불고 있던 1998년 초, 우리 회사로부터 대출을 받고 갚지 못한 채 퇴직하여 이자를 제때에 못 내게 된 채무자가 있었다. 이후 대출은 연체 상태로 들어갈 수밖에 없었고 연락도 되지 않았다. 물론 회사의 규정에 따라서 그 고객의 재산조사와 실사를 하였으나, 이사를 가고 없었고 장기 연체는 계속되었다.

후배가 세 번째인가 같은 주소로 실사를 갔을 때의 일이다. 우연히 주변 사람들로부터 그 집 주민등록등본상에 나와 있는 아이의 이름을 들을 수 있었고 현 주민등록지 근처에 월세로 살고 있는 채무자의 집을 알아낼 수가 있었다.

대출금의 상환이 가능할 것이라는 기대는 하지 않았으나, 월세 집은 생각했던 것보다 심각하고 비참했다. 다 쓰러져 가는 집의 골목길 쪽 새시 문이 조금 열려 있었고, 대낮에도 안이 보이지 않을 만큼 어두운 단칸방에는 여섯 살 된 아이만 있었다. 말을 걸려고 들어가 본 집은 퀴퀴한 냄새와 곰팡이 핀 벽지, 비닐옷장, 책 몇 권뿐 아무것도 보이지 않았다.

아이에게 말을 건 순간 이불 속에서 움직임이 있었다. 부스스한 모습의 할머니가 경계하듯이 물어보았다.

"어디서 오셨수?"
"삼성생명에서 왔습니다."
"돈 때문에 그러슈?"
"아, 예…… 아니요. 그냥……"
"잘못 오셨네……"

▌소설 같은 이야기

그러면서 이어지는 할머니의 하소연은 이러했다. 어려운 형편에도 공부를 잘한 아들은 1980년대 후반 명문대를 졸업하고 당시 최고의 인기 직종이던 증권회사에 입사해서 결혼도 하고 잘살았다고 한다. 그러다가 주식 거래를 잘못하여 고객의 돈을 대신 물어 주게 되었고, 그것을 벌충하려고 대출도 받고, 월급도 넣고, 전세금도 줄여 갚아 주는 등 그런 과정이 반복되다가 회사가 망하자 졸지에 빚은 빚대로 진 채 실직자가 되어 버린 것이다. 생활고를 덜려던 부인이 아이만 둔 채 일을 나갔다. 그러나 일 나간 부인마저 사고로 입원했으나, 병원비 때문에 제대로 치료도 못하고 퇴원하여 지금은 시골 친정 오빠 집에서 요양을 하고 있다고 했다. 할머니 본인도 중풍기가 있어서 밥도 제대로 못 해 준다는 얘기였다. 마치 무슨 소설에서나 나오는 이야기를 듣는 것 같았다. 차마 대출 이야기는 하지도 못하고 몸 조리 잘 하시라고만 말하고 돌아섰다. 그때 혼자 놀고 있던 꼬마 아이가 눈앞에서 아른거렸다. 해 질 무렵 하교길에 아이들이 군것질하는 것을 보니 저녁도 제대로 못 먹을 그 아이가 생각났다. 후배는 가까운 가게로 들어가서 주스 한 병과 과자, 빵을 조금 산 후 다시 돌아가 할머니께 전했다. 그리고 혹시나 하는 마음으로 명함을 끼워서 전해 주고 돌아왔다.

▌인내와 기다림이 필요해

실사보고서는 상황을 설명하고 '회수 불능상태'로 보고했다. 그 뒤로 몇 개월이 흘러 까맣게 잊고 있었는데 전화를 한 통 받았다. 바로 그 채무자였다. 그날 이야기를 들었지만 차마 연락을 못했다고 했다. 너무 고맙고 미안해서 더욱 연락을 못 하겠더라는 말과 지금은 증권사의 계약직으로 재취업해서 다음 달부터는 월 얼마씩이라도 갚을 수 있을 것이라고 했다. 다른 채무도 많지만 어차피 일시에 전액 해결을 못할 바에야 삼성생명 대출부터

갚겠다는 말도 하였다고 한다. 그는 개인적으로 굉장히 죄스럽다고 말하였고 후배에 대한 일 때문에라도 다 갚아야 마음이 편할 것 같다는 말도 전했다는 내용이었다. 후배는 부끄럽기도 하고 뿌듯하기도 했다고 한다. 그 채무자는 결국 4백만 원에 이르던 채무를 전액 상환했고, 후배는 그 어떤 채무의 해결보다도 이 건의 전액 상환이 가능했다는 사실에 감사하고 기뻐했다. 후배가 그들의 딱한 상황을 모른 체하고 그 할머니에게 모든 사실을 알리고 다그쳤더라면 어떠했을까? 사실 그때, 그 집을 들렀을 때 후배의 마음은 그 돈이 자기 돈이었더라도 포기했을 것이라고 했다. 어차피 아무것도 할 수 없었던 상황에 대해 부정할 필요는 없었고, 또 회사와 그에게 부끄럽지 않을 만큼 최선을 다했기에 포기하는 결과에 대해서도 책임질 각오를 하였으며 회사도 그 상황을 이해했다.

지금은 많이 좋아졌다고는 하지만, IMF 이후에 일어난 후배의 한 이야기에서 보듯이 아직도 우리에게는 많은 고통과 인내와 기다림이 요구되고 있다. 그 후배는 빨리 이런 시간들이 흘러갔으면 좋겠고 그 고객에게 정말로 감사를 드리며 그의 모든 앞날이 잘 되리라 믿는다고 말했다.

서울대 종교학과 교수님의 글

빚은 꾸고 갚는 과정에서 덤이 붙는다. 그 덤이 부의 건강한 재생산이라든가 도움에
대한 고마움의 표현이라면 좋은 일이지만, 없는 사람의 아쉬움을 이용한 착취에 이르
고 그 덤을 엎어 갚는 일에 치여 다시 일어나지 못하게 되면 아주 고약한 것이 된다.

　1998년 8월 어느 신문에 게재된 서울대 종교학과 교수님의 글은 융자 부
서에 근무했던 나에게 또 다른 시각으로 세상을 바라보게 해 주었다. 자본
주의 체제하에서, 그리고 금전만능주의가 판을 치는 현실에서 우리들의 가
치관과는 큰 차이가 있을지도 모르지만, 우리들의 돈에 대한 관념을 잠시
되짚어 볼 수 있다는 점에서는 요즈음에 찾아볼래야 찾아보기 힘든 글이라
고 생각되어 잠깐 소개하기로 한다.

▌'빚 문화'

　재화가 산술적 평균을 근거로 모든 사람에게 지속적으로 배분되지 않는

한, 그리고 가진 것이 많고 적은 사람이 한데 어울려서 살아가는 한, 빚은 없을 수 없다. 그것은 힘을 빌리는 일이기도 하고 힘을 보태 주는 일이기도 한 당연하고 자연스러운 삶의 틀이다. 그런데 빚은 꾸고 갚는 과정에서 덤이 붙는다. 그 덤이 부의 건강한 재생산이라든가 도움에 대한 고마움의 표현이라면 좋은 일이지만, 없는 사람의 아쉬움을 이용한 착취에 이르고 그 덤을 얹어 갚는 일에 치여 다시 일어나지 못하게 되면 아주 고약한 것이 된다. 이래저래 어쩌면 빚은 '필요악'이다. 그런데 빚 놓기, 빚지기, 덤 붙여 빚 되받기, 그렇게 덤 붙여 빚 되갚기로 이루어진 빚 문화는 없는 자의 신용을 강조한다. 그것이 이 틀의 성패를 가름한다고 주장하는 것이다. 그러나 빚 문화의 역사는 이와 더불어 또 다른 두 행위가 그 문화의 윤리를 마련하고 있음을 보여 준다. 본전이나 이자를 몽땅 탕감해 주는 '빚 삭치기'와 어느 사람이 진 빚을 다른 사람이 조건 없이 대신 물어 주는 '빚물이'가 그것이다. 따라서 '가진 자의 몫'인 이 둘이 빠진 빚 문화는 실은 부도덕할 뿐 아니라 철저히 병든 문화이다. 그것이 없으면 빚은 공생을 위한 것이 아니라 공멸에 이르는 첩경이기 때문이다. 그럼에도 불구하고 나라 안에서나 밖에서나 오늘의 빚 문화에는 없는 자의 윤리만 두드러질 뿐 '빚삭치기'와 '빚물이'로 구체화되는 가진 자의 윤리는 행방이 묘연하다. 현대의 자본주의가 자못 염려스럽다.

제 4 부

투자 부서에서

한 달도 못 해 본 '인센티브' 제도

인사팀에서도 인센티브 제도에 대해 몇 개월간 연구를 했고, 투자지원에서도 평가체
계에 대한 사전 준비에 많은 시간과 노력을 들여 도입되었던 '펀드매니저 인센티브
제'는 한 달도 채 못 해 보고 막을 내렸던 것이다.

▌부푼 기대

1998년 1월 해외투자 자금을 축소한다는 계획에 따라 내가 있던 부서에
서 팀원 10명 중 4명이 타부서로 전배되었다. 나는 국내 유가증권 파트의 주
식과 채권투자의 실적을 관리하는 부서로 배치받았다. 대한민국 최대 기관
투자자인 삼성생명의 위상은 대단하다. 생명보험협회에서 발행하는 《월간
생협》의 자료에 의하면 유가 증권만 9조 5천억을 보유하고 있다. 국내 최대
기관 투자자로서의 자부심이 대단하고 주식을 팔거나 사기 시작하면 그 규
모도 몇백억 원 단위에 달해서 주식시세의 등락에 큰 영향을 미치기도 한
다. 부장쯤 되면 경제신문 주식면에 좋은 의견도 게재한다. 이뿐만 아니라
국내의 많은 증권사, 투신사, 투자자문사 등에서 매일같이 정보를 제공하고
투자를 유치하기 위해서 방문도 한다. 이런 삼성생명의 투자 부서에서 아주

대단한 일을 하는 줄 알고 언젠가는 나도 직접 주식이나 채권을 운용하게 될지 모른다는 부푼 꿈을 안고 자리를 옮겼다.

▌ 한 달도 못 해 본 '인센티브' 제도

연말에 내가 있던 해외투자 부서에서 약 한 달 동안 이슈가 되었던 것이 '펀드매니저 인센티브제'였다. 이는 주식이나 채권 등을 투자해서 좋은 수익을 내면 그만큼 보너스를 더 주고, 성적이 좋지 않으면 보너스를 조금 주는 제도이다. 그동안 투자를 하려면 상사의 지시나 회사의 정책에 의하여 제약이 많았었다. 그래서 투자 성적에 대한 평가에 있어서도 성적이 우수하든지 저조하든지간에 그것이 누구의 책임인지가 명확하지 않았다. 그러던 차에 투자에 대한 전문성을 살리고 우수한 인재를 양성하기 위해서 순수하게 자율적으로만 운영할 수 있는 '펀드'를 몇 개 만들어 줄 테니 책임과 권한을 동시에 가지고 운영하라는 것이었다.

이제는 투자를 잘 하는 사람은 자신의 주가를 올릴 수 있는 절호의 찬스가 온 것이고, 성적이 좋지 않은 사람은 책임을 물어 그 자리를 후배나 다른 사람에게 양보해야 하는 진정한 프로의 시대가 온 셈이다. 그리고 누구나 프로가 되기 위해서 꿈을 갖고 열심히 일할 수 있는 기회의 장이 마련된 것이다. 그러나 결과는 의외였다. 해외투자 부서에서는 인센티브제를 하겠다고 신청하는 사람이 한 명도 나오지 않았고 국내 파트에서도 선뜻 자청하는 사람이 나오지 않았다고 한다. 자신의 실력에 자신이 없었든지, 아니면 말이 자율이지 음으로 양으로 여러 가지 제약이 있을 것이라고 생각했든지 그 이유는 잘 모르겠다. 자청을 했든, 자청을 하지 않았든 해외투자팀은 1999년부터, 국내 파트는 1998년부터 인센티브제를 도입하기로 결정되었고 국내 파트부터 몇 개의 자율 펀드가 만들어졌다. 그러나 자율 펀드가 시작된 지 한 달이 채 못 되어 주식시세의 폭락과 삼성생명 유가증권의 구조적인 문제 등을 이유로 자율 펀드 투자는 전면 중지되었다. 인사팀에서도 인센티브 제도에 대해 몇 개월간 연구를 했고, 투자지원에서도 평가체계에 대한 사전 준비에 많은 시간과 노력을 들여 도입되었던 '펀드매니저 인센티브제'는 한 달도 채 못 해 보고 막을 내렸던 것이다.

▌상반기는 계획만 수립

한 해를 시작하기에 앞서서 1년 동안 나아갈 방향을 정하고 세부계획을 수립하는 것은 아무리 강조해도 지나칠 것이 없을 만큼 중요하다. 그러나 투자 부서에서는 상반기 내내 계획만 수립하다가 시간을 소비했는데, 내가 보아도 너무 심하다는 생각이 들었다. 본래 계획수립은 상반기에 한 번, 하반기에 한 번 총 두 번이면 족하고, 한 번 하는 데 준비 기간은 2~3주 정도 걸리면 충분하다고 본다. 그런데 투자 부서는 연초에 계획을 두 번 수립했고, 내가 근무하던 4월 말까지도 계획수립은 지속되었다. 지난 해 특히 계획수립에 시간이 많이 걸린 것은 몇 년 동안의 주식시장 침체로 기인한 '주식 평가손'에 대한 책임 소재를 밝히고, 거기에 따라 조직을 축소하는 작업이 맞물렸기 때문이었다.

▌실망스런 구조조정

당초 경영진은 조직과 의사결정 체계 등 모든 면에서 솔직히 반성하고 진단하라고 지시를 내렸다. 그래서 전 사원이 부장과 면담을 했다. 사원들은 모든 면에 대해서 솔직하게 문제를 제기했다. 나는 그때 이런 말을 했던 것으로 기억한다. "3개월에 20% 이상의 수익을 내겠다고 약속하는 것은 어불성설이다. 주식시세가 오를지 내릴지 모르는데 시장 수익률보다 몇 % 잘하겠다는 약속은 있을 수 있지만, 무조건 얼마만큼의 수익을 올리겠다는 약속이 어디에 있겠느냐. 그런 약속을 하거나 또 받아들이는 조직은 잘못되었다." 다른 사원들도 솔직하게 말을 했고, 부장은 부지런히 받아 적었다. 그러나 지금 와서 생각하면 그 말들이 하나도 반영되지 않았고 그런 노력조차 부족했던 것 같다. 왜냐하면 보고서의 결과는 경영진의 투자에 대한 이해 부족, 재무기획실이 자산배분 기능을 제대로 했는지, 의사결정 체계에서의 권한과 책임 소재가 제대로 되어 있는지 등의 본질적인 문제를 비껴갔고, 또다시 연말까지 몇 %의 수익을 올리겠다, 직원들 몇 명을 내보내겠다는 선에서 끝났기 때문이다.

보고서 만들기

작업이 한 달 이상 소요되자 사원들은 일이 손에 잡히지 않았다. 당장 발표가 나면 자기가 부서를 옮겨야 할지도 모르고, 간부는 간부대로 작업을 한다고 정신이 없으니 1백 명이 조금 안 되는 투자 부서 사원들은 오늘 당장 하지 않아도 되는 일은 하지 않는 상황이 한 달 넘게 지속되었다.

▌사전오기

보고서 쓰는 것은 생각하는 것만큼 쉽지 않다. 몇 개의 부서가 모여서 30~40페이지 분량의 보고서를 만드는 데 드는 시간과 노력은 말로는 다 설명하지 못한다. 과장과 부장이 얼마나 많은 시간과 노력을 들였는지 모른다. 이사에게 보고한 후 어느 정도 완성되었다는 마음에 경영진에게 보고를 들어갔건만 그대로 통과될 리가 없었다. 두세 번 경영진에게 보고서가 통과되지 않자 2~3주일이 금방 흘러갔다. 일단 보고한 것이 불합격되면 부장들의 얼굴은 말이 아니었다. 두세 번 퇴짜를 받고 경영진을 어렵게 어렵게 통과한 보고서가 겨우 사장의 품의까지 받고 난 시점이라고 생각된다. 경영층에서 발표를 어떻게 멋있게 할지 고민하다가 지시를 내렸다. '외국증권사들이 우리 회사에 들어와서 프레젠테이션 할 때 그들 보고서가 아주 괜찮았으니 그렇게 만들어서 발표하라.'고 지시했던 것이다. 외국증권사 자료는 가로쓰기를 하며, 한 페이지에 많은 내용이 안 들어가게 큼직큼직하게 글을 써서 읽기에 편리하다는 점이 특징이었다. 문제는 여태껏 부서별로 준비한 자료가 모두 세로쓰기였는데, 단지 보기 좋게 하기 위해 전부 가로쓰기로 바꿔야 하고 거기에 맞추어 배열이나 내용까지 모두 다 바꿔야 한다는 것이었다. 전 부서에서 문서를 가로쓰기로 바꾸기로 하였으며, 각 페이지 상단에 보기 좋게 줄을 한 줄씩 긋기로 하고, 글자의 모양, 크기는 물론이고 페이지 숫자 매기는 방법까지 협의한 후 자료를 고치기 시작했다. 다들 달라붙어서 한다면 못할 것이 없었고, 시간이 얼마나 걸리고 얼마나 많은 수고가 들어가는가는 문제가 되지 않았다.

▌땅을 팠다 묻었다 해야 다른 생각 안 한다

보고서가 나오기까지 사원들도 목이 빠지게 기다렸다. 구조 조정 내용이 들어갔으니 '어느 부서에서 몇 명이 나가야 한다.'는 모두의 관심사가 포함되어 있었기 때문이다. 작업이 한 달 이상 소요되자 사원들은 일이 손에 잡히지 않았다. 당장 발표가 나면 자기가 부서를 옮겨야 할지도 모르고, 간부는 간부대로 작업을 한다고 정신이 없으니 1백 명이 조금 안 되는 투자 부서 사원들은 오늘 당장 하지 않아도 되는 일은 하지 않는 상황이 한 달 넘게 지속되었다. 누가 보아도 똑같은 생각을 하고 있을 때에 몇몇 사원들이 한 말은 가슴에 와닿았다.

"본업인 투자를 안 하고 이렇게 연초부터 계획만 잡고 보고서만 만들어서야 되겠냐?"

"야, 그나마 이런 계획을 짜고 보고서를 만드니 조직이 돌아가고 있잖아? 이런 시점에서 보고서 쓰는 일이라도 없으면 저렇게 많은 간부와 사원들이 다 뭐 하겠냐? 위에서도 알면서 일부러 시키는 거야. 교도소에서도 죄수들을 가만히 놔두면 다른 생각하니까 일부러 땅을 팠다가 묻었다가 하는 일을 반복시킨다잖아!"

나도 그 말에는 공감이었지만 '삼성생명에서 가장 우수한 사원들이 교도소 죄수들처럼 할 일이 없을까.' 하는 생각이 들었다.

보고서 발표도 만만치 않아

한 시간 반 정도의 코스 전체에 약 2~3미터 간격으로 예쁘게 코팅한 종이가 걸려 있었다. 내용은 모두 '신경영', '초관리', '투자수익 제고' 등이었는데 그것을 만들고 또 붙이느라고 몇 명이 얼마나 많은 시간 동안 고생을 하였는지 상상해 보고는 너무하다는 생각이 들었다.

▎한 시간 반 동안의 산행코스에 신경영 구호들

보고가 완전히 끝난 후에는 전략회의를 개최했다. 한 해를 어떤 방향으로 어떻게 꾸려가겠다는 방향이 나왔으니 전 사원을 모아 발표를 하고 듣게 함으로써 개개인이 일의 의미와 거기에 대한 공감대를 가지고 추진하도록 만드는 단계이다. 이 행사를 보통 '전략회의'라고 부르는데 특정한 날을 잡아서 하루 만에 끝내면 그나마 다행인데 보통 1박 2일 일정으로 전략회의를 개최했었다. 작년에는 토요일부터 1박 2일 일정으로 전략회의를 열었었는데 첫 날은 오후에 회의를 마치고 저녁에는 오락회를 하였다. 10시면 끝나기로 한 일정도 노래가 돌아가자 앵콜에 앵콜을 거듭하여 12시가 넘어서야 끝이 났다. 일요일 아침에는 산행을 했는데 약 한 시간 반 정도의 눈쌓인 코스를 돌아오는 것이었다. 그런데 놀랍게도 한 시간 반 정도의 코스 전체에 약 2~3미터 간격으로 예쁘게 코팅한 종이가 걸려 있었다. 내용은 모두 '신경영', '초관리', '투자수익 제고' 등이었는데 그것을 만들고 또 붙이느라고 몇 명이 얼마나 많은 시간 동안 고생을 하였는지 상상해 보고는 너무하다는 생각이 들었다.

▌다재다능한 인재들

몇 년 전에는 전략회의를 위해서 비디오 녹화까지 한 적이 있었다. 그냥 집에서 장난으로 찍는 비디오가 아니라, 영화관 만큼 큰 화면에 몇백 명의 사원들 앞에서 방영될 수준급의 작품이 필요했다. 전략회의가 시작되는 시점에서 '우리가 생각하는 우리의 현실은 어떠한가?'에 대해 사원들의 의견을 인터뷰하고 그것을 녹화하여 방영하는 프로그램이었다. 약 한 달 전에 사전 계획이 수립되었고 비디오를 촬영하는 팀까지 생겼다. 다들 처음 하는 일이니 좀처럼 쉬운 일이 아니었다. 간부급에서는 국내 모 은행에 있다가 국제 파이낸스 전문가로 채용되어 온 과장이 총책을 맡았다. 나중에 그 과장과 지방에 문상을 다녀오면서 왕복 8시간 정도 이야기를 할 기회가 있었는데, 그런 일을 할 줄 알았으면 삼성에 들어오지도 않았을 것이라고 말했다. 행사를 채 일주일도 안 남기고 겨우 녹화를 끝냈는데, 임원이 그 내용을 보고 완전 불합격 판정을 내렸다. 다시 하라는 지시가 내려졌고, 다들 처음부터 새로운 시각으로 일을 진행했다. 전략회의가 있던 날, 전 사원이 참석한 가운데 인터뷰한 내용이 방영되었다. 내용도 내용이지만 우리의 주변 인물들이 나와서 한 마디씩 하니까 신선한 재미를 제공했고, 공을 들인 만큼 평도 좋았다. 그럼에도 불구하고 문상길에서 그 과장이 말했듯이, 삼성생명에서는 너무 필요없는 일을 많이 하는 것이 아닌가 생각된다. 홍보팀 사원이라면 몰라도 0.01%의 수익률이라도 더 올리겠다고 선서한 부서의 사원들이 비디오 촬영까지 하면서 아까운 시간을 보낸 것이다.

회의장소 잡기도 어려운 회사

어느 누구라도 처음부터 상사에게 회의실 등을 확인할 수는 없는 일, 일단 예약할 수 있는 것은 모조리 예약해 놓고 그 다음부터 하나씩 취소해 가는 방법이 정답인 것이다.

▌ 회의장소는 A로 하라

올해는 IMF 한파로 경비절약 문제도 걸려 있고 전략회의 내용도 구조조정 등의 우울한 내용이라서 간단하게 행사를 치르기로 결정하였다. 주무 부서로서 우리 팀이 행사 준비를 하여야 했는데 1박 2일이 아닌 당일로 행사를 한다니 큰 시름을 던 셈이었다. 과장 한 명이 직접 회의실 예약과 식당 예약, 버스 준비 등 전체적인 준비를 맡아 했다. 그러나 한두 달 전에도 그런 회의를 개최할 때에 내가 회의실 예약을 담당했었기 때문에 이번에도 그 예약은 내가 해야 했다. 장소는 여의도에 있는 회의실이었는데 담당자와 전화로 회의실을 쓸 날짜와 시간, 프레젠테이션은 파워포인트로 하고, 참가 인원은 임원, 간부, 사원이 각각 몇 명이며, 몇 시까지는 회의실을 비워야 한다는 등의 세부 사항을 체크했다. 일단은 전화로 사전협의를 한 다음에 정식으로 공문에다 세부 내용을 기재

한 후 부서장의 결재를 맡고 팩스를 보냄으로써 회의실 예약은 완료되었다.

▌ B로 바꾸어라

며칠 후 보고를 들어갔다가 나온 부장이 숨이 넘어갈 듯 말했다.

"이번 회의 일정이 1박 2일로 변경되었으니 장소는 용인 연수소에서 해야 한다."

즉시 여의도 연수소의 예약을 취소하는 한편 용인 연수소에 다시 예약을 해야만 했다. 여의도 연수소에는 내가 담당자에게 전화를 걸어 미안하다고 사과하고 예약을 취소했다. 한편 용인 연수소에는 과장이 직접 예약을 했다. 1박 2일이라면 여러 가지 준비를 많이 해야 하므로 걱정이 앞섰다. 이튿날 과장은 사원 한 명을 동행하여 사전답사를 떠났다. 작년처럼 아침에 산행을 하려면 사전에 코스를 둘러보아야 했던 것이다. 오전 근무를 끝내고 현지로 떠나는 과장과 사원을 보면서 뭐 그리 대단한 행사라고 두 명이 사전답사까지 가야 하는가 하는 생각도 들었지만, 만에 하나 사전답사를 가지 않음으로써 일어날 수 있는 실수를 생각한다면 빼먹을 수도 없는 준비 사항이었다.

▌ C로 바꾸어라

사전답사도 끝나고 여러 가지 준비를 하고 있을 때에 다시 팀장이 와서 1박 2일 일정이 취소되었고, 당일치기로 바꾸라는 지시를 받았다고 했다. 행사를 최소한의 범위에서 하라는 취지였고, 이번에는 전 사원이 이동을 하지 않아도 되는 방안도 생각해 보라고 했다. 과장은 답사까지 갔다 와서 그 계획이 취소되자 어이없어했고, 그래서 내가 또 회의실 준비를 하게 되었다. 이번에는 회사 바로 옆에 있는 서울 연수소라는 곳에 예약을 했다. 항상 예약을 위해 전화를 걸 때에는 긴장이 된다. 우리가 회의실을 쓰려고 하는 그 시간대에 다른 회사나 부서에서 먼저 예약했을 경우에는 일이 꼬이기 때문이다. 다행히 서울 연수소를 쓸 수 있었는데, 여기에는 사용하는 측에서 비용까지 지불해야 하므로 취소하는 것이 힘들다고 했다. 가능한 한 취소하는 상황은 피하겠다고 약속을 했고, 역시 정식 신청서에 부장의 결재를 받고 팩스로 그 결과를 보내 주었다. 행사 이틀 전쯤에는 프레젠테이션 준비 겸 사전 확인을 위해서 서울 연수소를 찾아가 보았다. 파워포인트라는 프레젠테이션 도구를 쓸 경우 화면은 어느 정도 크기이고, 우리가 준비한 원고는 괜찮게 나오는지 사전에 확인하기 위해서였다. 팀 별로 몇 명씩, 우리 팀에서도 과장 한 명과 사원 한 명이 다녀왔다. 나는 회의실 담당자에게 우리 쪽에서 몇 시에 방문할 테니까 준비를 잘 하고 도와주라고 부탁했다.

▌ 다시 A로 변경하라

월요일이 전략회의 당일이라면 토요일 12시쯤, 모두들 퇴근하고 부서에 한두 명 정도 남아 있을 때였다. 부장이 급히 뛰어오더니 전략회의 장소를 여의도로 바꾸라고 했다. 왜 그렇게 급히 바뀌었는지는 설명하지 않았다. 위에서 지시가 내려왔다고만 했다. 서울 연수소를 취소하는 것, 담당자에게 사과하는 일 따위는 아무 문제도 아니었다. 퇴근 시간도 지났는데 무슨 수로 여의도 연수소에 예약을 한단 말인가? 일단 전화를 걸어 보니 다행히 담당자가 있었다. 사정을 설명했더니 월요일은 불가능하다고 했다. 다음 주에는 오후 내내 신입사원 오리엔테이션이 있는데, 신입사원들의 교육 첫날부터 차질을 빚어서는 안 된다는 것이었다. 그 담당자의 말이 백 번 옳았지만 우리 상황은 그것이 아니었다. 그날 이쪽 참석자 중에는 사장도 포함된다고 설명해 주었다. 그러나 그 담당자는 자신이 마음대로 결정할 문제가 아니므로 자기 부장의 지시가 있어야 한다고 했다. 그 담당자에게는 미안했지만 '사정은 이해하지만 어차피 결과는 정해진 일, 우리 쪽에서 회의실을 쓰게끔 될 것이니 빨리 판단을 해서 양보해 달라'는 식으로 말을 했다. 그 말이 담당자의 자존심을 건드렸는지 자기 상식에서는 절대로 있을 수 없는 일이라며 그럴 수는 없다고 했다. 옆에서 듣고 있던 우리 부장이 전화를 가로채서 그쪽 부장을 바꿔달라고 했다. 그러나 그쪽 부장은 퇴근을 한 후였고 연락이 되지 않았다. 사정이 이렇게 되자 임원이 직접 그쪽 임원에게 전화를 했다. 그쪽 임원의 핸드폰으로 통화를 하여 간단하게 양해를 얻어 냈다. 다음날 회의실이 바뀐 것을 들은 사원들은 또 바뀌었냐고 야단들이었지만 나는 이런 경험이 많았기 때문에 전혀 새삼스럽지 않게 생각했다. 맨 처음 기안을 할 때에는 약 두 가지 일정을 염두에 두고 회의실을 예약해야 한다. 임원에게 올라가서도 임원의 일정과 사장의 일정 등을 고려해서 회의실이나 모든 것이 변경될 수 있고, 사장에게 올라가서도 사장이 생각하고 있는 회의에 대한 개념과 잘 맞아야 확정이 되기 때문이다. 어느 누구라도 처음부터 상사에게 회의실 등을 확인할 수는 없는 일, 일단 예약할 수 있는 것은 모조리 예약해 놓고 그 다음부터 하나씩 취소해 가는 방법이 정답인 것이다.

사라지지 않는 정보회의

그 원인은 여러 가지가 있겠지만 부서 간의 정보교환이 잘 이루어지지 않는 풍토가 가장 큰 이유라고 생각된다. 정보가 중요하게 취급되는 한 다른 부서의 정보를 제대로 입수하지 못하면 안 되는 동시에 자기 부서의 정보를 다른 부서에 보여 주는 것 또한 안 되는 일인 것이다.

▌투자 부서 사원은 정보회의를 못한다

투자 부서에 온 지 얼마 안 되어 팀 내에서 매일 아침 '정보회의'를 한다고 했다. 정보회의란 전사 각 부서에서 무슨 일을 하고 있는지, 무슨 소문이 있는지 파악하여 모두가 듣는 곳에서 발표하는 것이다. 개인마다 친분이 있거나 출신 부서를 중심으로 두세 개의 부서를 정한 후 그 부서에서 일어나는 일들을 파악하면 된다. 옛날에 이런 일들을 해 본 적이 있는 나로서는 정말 한심하기 짝이 없는 짓이라고 생각했다. 왜냐하면 이런 일은 오래 가지 못하기 때문이다. 인사 부서나 관리 부서인 경영지원실 등에서는 업무상 각 부서별로 담당자를 두고 있으니 비교적 잘 운영되고 있다. 그런 관리 부서에는 사원들 업무도, 마인드도 어느 정도 갖추어져 있다. 그러나 출신 성분도 다양하고 비교적 자유분방하게 회사 생활을 하는, 소위 '정치'라는 것과

거리가 먼 투자 부서 사원들에게 있어서 정보수집은 지속될 수 없는 일인 것이다.

쿠데타도 막는 정보수집

언젠가 한 번은 정보수집의 중요성에 대해 이런 이야기를 들은 적이 있다. 보안사에 있어 정보수집 체계는 가장 중요하다. 다른 일은 할 필요도 없고 정보수집만 하면 되는데, 그것도 맥만 잘 잡고 있으면 뛰어다닐 필요가 없다. 예를 들어 보안사에서는 전국의 모든 부대에 보안사 직원을 보내는데, 이 직원들은 다른 일을 하는 것이 아니고 그저 출입하는 차량번호를 보안사에 보고만 한다. 차량이 지나가면 보초가 차량번호를 보안사 직원에게 보고하고, 그 직원은 상부에 보고한다. 그러면 차량에 탄 장성들의 움직임을 다 체크할 수 있다. 즉, 모 부대에 몇 번, 몇 번 번호판의 차량들이 모이기 시작하는데, 그 자리에 모인 사람들의 별의 개수가 열 개가 넘는지 스무 개가 넘는지 알 수 있다. 모인 별의 개수가 몇 개를 넘어서면 무슨 목적으로 다들 모였는지 체크를 하고, 그 목적이 나타나지 않으면 쿠데타 등 불순한 목적의 모임인 것이 나타난다. 정보체계는 이렇게 중요하다.

하루 만에 끝난 정보회의

정보회의가 지금의 투자팀에서 오래갈 리가 없었는데, 내 기억으로는 이

틀도 지속되지 않았다. 내가 해외투자 부서의 새로운 조직도와 해외투자 부서 임원을 팀장으로 부르지 말라는 지시의 공문과 일본 모 생보사에서 한국에 1억 달러를 투자했다는 보고서를 구해서 전자 시스템으로 부서원에게 보낸 것 이외에는 아무것도 없이 끝났다고 생각된다. 그러면 이렇게 쓸데없고 부서 간에 불신감만 높이며 오래가지도 못할 정보회의가 도대체 왜 생기는 것일까? 그 원인은 여러 가지가 있겠지만 부서 간의 정보교환이 잘 이루어지지 않는 풍토가 가장 큰 이유라고 생각된다. 정보가 중요하게 취급되는 한 다른 부서의 정보를 제대로 입수하지 못하면 안 되는 동시에 자기 부서의 정보를 다른 부서에 보여 주는 것 또한 안 되는 일인 것이다. 팀이 새로 구성되거나 부서장이 새로 오면 누군가가 정보회의가 꼭 필요하다고 보고하며, 그 말을 듣는 부서장은 자연히 귀가 솔깃해진다. 타부서의 정보를 얻을 수 있다는데 그보다 중요한 일이 어디에 있겠는가? 그런 아이디어가 통하고 그것을 받아들이는 부서장이 있는 한 삼성생명 투자 부서는 투자에만 전념하는 조직이 될 수 없다는 생각이 든다.

창립기념논문의 취지는 그런 것이 아닌데

논문 일정이 발표되자 아침 회의에서 과장이 사원들을 불러놓고 '우리 팀 사원은 전원 논문 한 편씩을 내라'고 했다. 며칠 이내에 먼저 논문 제목부터 써내라는 것이었다. 사원의 숫자가 열 명이니 논문 열 편이 나오게 될 판이었다.

▌ 투자지원팀 사원은 전원 논문을 제출하라

사원들의 연구하는 풍토를 조성하기 위해서 매년 한 번씩 논문제(論文祭)를 개최하는데, 시상을 창립 기념식에서 하기 때문에 '창립기념논문제'라고 부른다. 그 취지를 보면 좋은 아이디어가 있거나 연구에 열의가 있는 사원이 자율적으로 논문을 써내는 것이다. 그러나 삼성생명에서의 논문제 운영은 당초의 취지에 맞게 운영되지만은 않았다. 부서장들이 자신의 부서에서 많은 논문이 나와야 된다고 생각하기 때문이다. 그 이유 중의 하나가 입상을 하면 부서장의 고과에 반영되는 것이고, 그렇지 않더라도 임원급들은 자신이 관할하는 부서에서 논문이 적게 나오면 싫어하기 때문이다. 내가 있던 해외투자 부서에서도 작년에 적어도 두 편의 논문을 내라는 할당량이 떨어졌다. 논문을 쓰는 사원들에게는 약 2주일간의 자유 시간이 주어졌다. 출근해서 일은 하지 않고 논문만 쓰는 것이다. 일이 많은 다른 부서는 모르겠지만 투자 부서 내에서는 흔히 있는 일이고 올해도 그런 사원이 있었다. 논문 일정이 발표되자 아침 회의에서 과장이 사원들을 불러 놓고 '우리 팀 사원은 전원 논문 한 편씩을 내라.'고 했다. 며칠 이내에 먼저 논문 제목부터 써내라는 것이었다. 사원의 숫자가 열 명이니 논문 열 편이 나오게 될 판이었다. 사원들은 내심 반발했지만 불평으로 끝날 뿐 결국은 한 편씩 논문을 제출해야 하는 것이다. 나는 그런 지시가 있기 전부터 마음으로 준비를 하고 있던 터라 어렵지 않게 타이틀을 정해서 제출했다. 팀 내에서 약 세 편의 논문 제목이 나왔다고 생각된다. 과장은 전원이 내지 않는다고 아침마다 닦달이었지만 사원들도 어지간한 편인지 별로 귀담아듣지 않았고 그것 때문에 조회시간의 분위기가 썰렁해진 날도 많았다.

▮ 논문 한 편 쓰는 데 하루 소요

회사에서 언제까지 논문 타이틀과 대략적인 내용을 적어서 제출하라고 한 기한이 다가오자 몇 명의 사원을 제외하고는 다들 제목과 줄거리를 제출했다. 회사에서 논문을 써내면 고과에 들어가는 항목에 반영시켜 주겠다는 조치를 내렸기 때문이다. 어차피 고과에 반영받기 위해서는 토익 시험을 세 번 치든지, 방송수업을 듣든지 등의 귀찮은 일을 해야만 하니 간단하게 논문이나 한 편 내자는 것이 사원들의 생각인 것이다. 그것도 두 명이 한 조를 짜서 내면 되니 부담이 덜하다. 어쨌든 다들 내기만 한다는 마음으로 논문을 썼다. 한 팀은 신입사원 시절에 리포트로 써 놓았던 글을 조금 수정해서

삼성인 샐러리맨
삼성문화 대기업문화

냈고, 한 팀은 마감 3일 전부터 쓰기 시작하여 마감 전날 밤샘을 하여 써냈다. 업무와 연관되는 분야에 대한 책자를 하나 구해서 열심히 타이프를 쳤는데, 분량을 채우려니 시간이 많이 걸렸던 것이다. 또 한 팀은 일본에서 유학한 사원이 포함되어 있었는데, 마감 이틀 전인 토요일 오후에 일본 자료 하나를 복사해 놓고 한 명이 번역해서 불러 주면 나머지 한 명이 타이프를 치는 식으로 하루 만에 논문을 만들어 냈다. 그 사원들이 잘못했다고 하는 것이 아니라 회사의 모든 일들이 이런 식으로 변질되어 간다는 말이다. 그렇다고 수상한 모든 논문의 질이 떨어지는 것은 결코 아니었다. 다들 훌륭한 논문이었고, 한 논문은 사전 준비작업이 1년이나 걸린 역작도 있었다.

4개월간 만든 '주간업무계획' 본 적도 없었다

이 '주간업무계획'을 만든 지 약 넉 달째 되던 어느 날, 나는 주무 부서에 매주 보내는
주간업무계획을 경영진이 보기는 하는지 물어보았다. 경영진의 전자메일에 들어가서
확인해 본 결과 이 제도가 생긴 후 처음부터 경영진은 한 번도 본 적이 없다고 했다.

▌일주일 걸리는 보고서, 꼭 필요한지

　한 부서에서 올해 초부터 9개월간 만들어 온 보고서가 있었다. '외국인들
이 보는 한국 시장'이라는 제목의 이 보고서는 해외투자 기관이나 전문가들
의 의견을 영자 신문이나 투자 전문 단말기를 통해서 얻은 자료를 번역한
것이었는데, 회장에게까지 보고되는 중요한 일 중의 하나였다. 그러나 9월
말 회장은 더이상 이런 보고서를 만들지 말라는 지시를 했다고 한다. 8월까
지는 회장이 읽어 보았는지 읽어 보지도 않았는지 모르겠지만 나는 그 말을
듣고 '회장은 역시 다르구나.'라는 생각을 했다. 그리고 아무리 작은 것이라
도 그것을 고치거나 멈출 수 있는 것은 최고 경영진밖에 없다는 것을 깨달
았다. 회장이 보고서를 보든 안 보든 이번에 그런 지시가 없었다면 그 보고
서는 내년에도 내후년에도 계속 만들었을 것이다.

▌그 후로도 아무런 변화는 없었다

한번은 재무기획실에서 경영진에 올라가는 보고서가 너무 많은 것 같으니 자제해 달라고 했다. 임원이 그 말을 듣고 경영진에게 올라가는 문서의 분량이 얼마만큼 되는지 파악하라고 했다. 나는 즉시 전 부서의 담당 과장들에게 보고서를 파악, 보고해 달라고 부탁했다. 그런데 위에서는 그럴 시간이 어디 있느냐고 하면서 즉석에서 파악하여 자료를 제출하라고 했다. 직접 종이를 들고 부장들을 찾아다니면서 경영진에게 가는 보고서를 파악했다. 몇 시간 후에 각 부서별로 경영진에게 매일 가는 보고서, 매주 가는 보고서, 매월 가는 보고서가 각각 몇 종인지 모두 파악하여, 그것을 하루 평균으로 따지면 몇 가지 종류라는 보고서를 만들 수 있었다. 이제부터 꼭 필요한 보고서만 만들면 되고, 그다지 중요하지 않은 보고서는 없어지겠구나 하고 생각했다. 그러나 그 이후로도 보고서의 양은 거의 준 것 같지 않았다.

▌읽지도 않은 '주간업무계획'

올해부터 경영진에게 팀별로 '주간업무계획'을 만들어 보고하라는 지시를 받았다. 그것도 사원이 하는 것이 아니라 부장이 직접 전자메일로 경영진에게 보고하라는 것이었다. 경영진에게 올라가는 자료이니 임원이 신경 써서 챙겼고, 그러자니 부장이 심혈을 기울여서 만들어야 했다. 매주 금요일 자료를 만들어서 임원에게 결재를 받은 후 토요일 아침에 전자메일로 경영진에게 발신하고 다른 임원과 부장에게 한 부씩 배부하는 것으로 끝이 나는 일이었다. 한 장짜리 이 자료를 만드는 데에 수많은 사람들이 엄청나게 많은 시간을 투자해야 했다. 예를 들어 해외투자 부서의 경우 몇 개의 하위 부서로 나누어져 있는데 각 파트별로 사원들의 업무를 파악하여 간부에게 보고한 후 해외투자팀의 주 담당자에게 자료를 건네준다. 그러면 주 담당자는 자료를 취합, 워드작업을 한 후 임원에게 보고하고 나서 나에게 넘겨 주었다. 금요일 아침이면 '오늘이 주간업무 취합하는 날이니 오후 1시까지 자료를 꼭 보내달라.'고 각 부서 담당자들에게 전화를 하거나 메일로 부탁을 했다. 그러나 시간에 맞추어 계획을 보내 주는 부서는 4개월 동안 단 한 곳도 없었다. 계속 빨리 달라고 부탁 전화를 하지만 그쪽도 부장에게 보고를 하려니 얼렁뚱땅하면 안 되었기 때문에 3시 이전에 들어오는 부서가 거의 없었다. 먼저 들어온 부서들 업무부터 타이핑을 시작, 자료를 완전히 만든 후 부장에게 보고하면 거의 7시가 되었다. 토요일 아침, 임원에게 보고하고 통과되면 경영진에게 메일로 보냈는데, 각 부서의 담당자들도 금요일만 되면 노이로제 반응을 보였다. 과장이 직접 자료를 만드는 부서도 몇 군데 있었다. 이 '주간업무계획'을 만든 지 약 넉 달째 되던 어느 날, 나는 주무 부서에 매주 보내는 주간업무계획을 경영진이 보기는 하는지 물어보았다. 경영진의 전자메일에 들어가서 확인해 본 결과 이 제도가 생긴 후 처음부터 경영진은 한 번도 본 적이 없다고 했다. 그리고 총 여섯 개의 부서 가운데 현재 매주 보내고 있는 부서는 우리를 포함해서 두 개 부서뿐이고, 주무 부서인 재무기획실을 포함한 네 군데는 보내고 있지 않다고 했다. 경영진이 보지도 않는 자료를 그렇게 많은 사원들과 부장과 임원까지 신경을 써 가면서 만들었다고 생각하니 어이가 없었고, '역시 그러면 그렇지' 하는 생각이 들었다. 그래도 다음 주부터는 다른 부서처럼 우리 부서도 더 이상 주간업무계획을 만들지 않아도 되겠구나 하는 생각을 하니 한편으로는 좋겠다 싶어서 과장을 통해 부장에게 이 사실을 보고했다. 그런데 '다음 주부터는 우리도 쓸데없는 일에 시간 낭비 하지 말라.'는 대답 대신에 '다음 주부터는 메일로 보내지 말고 직접 인쇄해서 비서에게 갖다 주라.'고 지시하는 것이었다.

각본대로 진행되는 대한민국 주주총회

총회꾼의 의사 진행을 듣던 중 참지 못한 60세 정도 되는 분이 '의장, 이게 장난입니까? 어린애도 아니고 이게 뭡니까?' 하고 총회꾼의 말을 가로막으니 사방에서 '야 이 새끼야, 남이 말을 하고 있는데 왜 끼여드냐? 나이도 먹을 만큼 먹은 게, 앉아라, 앉아!'라며 소리를 질러 댔다.

▌인생을 배울 수 있는 주주총회

투자 부서 임원이 올해 주주총회에는 100% 참석하라고 지시했다. 투자를 하는 사람이라면 주주총회는 반드시 경험해야 하고, 올해처럼 파란이 많은 해에는 주주총회에서 무슨 돌발 사태가 일어날지 모른다는 취지에서였다.

임원이 직접 1백 명에 가까운 사원을 불러 놓고 주주총회의 중요성과 참석하기 전에 미리 알아 두어야 할 것, 돌발사태 때의 행동요령 등에 대해서 자신의 경험담을 위주로 강의하였다. 약 두 달 동안 주간업무계획에 '주주총회에 대한 임원의 특강'에서부터 '금주의 주주총회 참석 현황'까지 주주총회 참석에 대한 보고가 들어갔고, 100%는 아니지만 거의 모든 주주총회에 참석을 했다. 나처럼 투자와 직접 관계가 없는 사원도 총 세 번이나 참석했다.

나는 세 번의 주주총회에 참석하면서 세상이 모순으로 가득 찼고, 기업을 하는 사람들은 적어도 주주총회에서만큼은 거짓말과 연극을 주된 업으로 삼는 사람들이라는 것을 배웠다. 주주총회에 한 번도 참석해 보지 않은 사람은 아직 상상이 가지 않을 것이다.

▌ 의장 마음대로 하십시오

주주총회는 사전에 회사측이 짜 놓은 시나리오에서 단 한 치의 오차도 없이 진행된다. 회의장에는 회사측에서 돈으로 매수한 총회꾼 몇 명을 사전에 자리잡게 하고 직원들을 좌석의 대부분을 차지할 만큼 앉힌다. 의장이 대한민국 법에 따라 빼먹고 싶어도 빼먹을 수 없는 의사 진행을 하려고 하면 총회꾼 중 한 명이 '의장!' 하면서 손을 들고 큰 소리로 외친다. 직원이 달려가서 마이크를 건네 주면 '의장, 그런 것은 일일이 설명할 필요가 없으니 배포된 유인물로 대체하고 다음 진행으로 넘어갈 것을 제의합니다.'라고 말한다. 그러면 주위에 있는 많은 자사 직원들이 '제청합니다!'라고 외치고 의장은 다음 진행으로 넘어간다. 또 감사를 선임하는 문제도 의장이 '이번에 회사에서 추천한 감사는 ○○인데 주주 여러분에게 소개를 드리자면……' 하는 부분에서 또 누가 일어나서 '의장!' 하고 부르며 마이크를 잡는다. 그러고는 '우리 일반 주주들은 누가 감사를 맡아야 할지에 대해서 아는 바가 없습니다. 이번에 회사에서 추천한 감사에 대해서는 누구보다도 의장이 제일 잘 알고 있을 것으로 압니다. 그러니 더 이상의 설명은 필요 없으며 의장이 추천한 감사의 선임 문제는 이 자리에 모인 주주들의 박수로 결정하도록 합시다.'라고 말한다. 다시 많은 사람들의 '제청합니다!'라는 목소리에 이어 의장이 '그러면 감사 선임은 여러분의 박수에 의해서 정하도록 하겠습니다. 찬성하시는 주주께서는 박수를 보내 주십시오.'라고 말하고, 박수 소리와 함께 다음 의사 진행으로 넘어가는 것이다. 그 총회꾼들은 무슨 말을 그리 잘하나 싶어서 돌아다보니 아예 발표할 내용을 메모한 종이에 노란 형광펜으로 밑줄까지 그어 놓고 읽고 있었다. 어떤 총회꾼은 자기 차례에 발표를 하고 나서 약 3분 정도 지나고 나니 가방을 챙겼다. 그리고 다음 일정이 바쁜지 회의가 끝나지도 않았는데 총총걸음으로 밖으로 나갔다.

▌반대의견 내면 인민재판 받아

나는 삼성을 대신해서 주주총회에 참석했으니 특별한 상황이 아니면 회사측의 일방통행에 제동을 걸 하등의 이유가 없었다. 살다 보니 이런 별세계에도 다 와 보는구나 하면서 좋은 경험한다는 생각으로 끝까지 주의 깊게 경청했다. 그러면서도 주주총회에 처음 참석한 사람이면 다 그럴 것인데 '이런 주주총회를 왜 하나, 낯이 뜨겁지도 않나?'라고 속으로 중얼거렸다. 가끔씩 입바른 소리를 하는 소액주주들도 있었다. 한 주주총회에서 있었던 일이다. 총회꾼의 의사 진행을 듣던 중 참지 못한 60세 정도 되는 분이 '의장, 이게 장난입니까? 어린애도 아니고 이게 뭡니까?' 하고 총회꾼의 말을 가로막으니 사방에서 '야 이 새끼야, 남이 말을 하고 있는데 왜 끼어드냐? 나이도 먹을 만큼 먹은 게, 앉아라, 앉아!'라며 소리를 질러 댔다. 내가 보기에도 피가 끓어오를 만큼 분통이 터졌다. 겨우겨우 마이크를 잡은 그 주주는 '나도 아까운 택시비 주고 여기까지 왔다. 그런데 해도해도 너무한다.'는 식의 말을 했고, 주위에서는 계속 야유가 쏟아졌다. 그 주주는 자기 말이 끝나자마자 분을 못 풀고 씩씩거리면서 밖으로 나가 버렸다. 주식을 가지고 있으면서 주주총회를 단 한 번도 구경하지 못한 사람은 꼭 한 번 참석해 보기를 권한다. 세상을 보는 시각이 확 바뀌게 되는 소중한 경험을 하게 될 것이다.

하기야 이런 식의 주주총회가 하루이틀 전에 생긴 것은 아닐 것이다. 몇십 년 동안 몇백 개의 상장기업에서 매년 되풀이 되는 이 사기극을 처음 보았으니 나처럼 흥분하는 것이지, 세상 물정 다 아는 사람에게는 이런 것이 오히려 정상적인 모습이 아니겠는가 싶었다. 아직도 상상이 가지 않는 사람들은 일전에 참여연대의 장하성 교수를 비롯한 소액주주들이 모 회사의 주주총회에 참석해서 회사측과 마라톤 주주총회를 한 것을 떠올리면 된다.

어떤 주주총회라도 반대를 하는 사람이 나오고 표대결을 하면 그 회사의 주주총회처럼 장장 12시간씩은 걸리게 되어 있다. 그만큼 거짓말과 위선에 맞서 싸운다는 것은 어려운 일이다. 주주총회에 처음 참석해 본 사원들은 그렇게 무의미한 주주총회는 한 번쯤은 경험삼아 가 보아도 무방하지만 몇 번씩 가는 것은 시간낭비라고 말했다. 주주총회에 한 번 참석하려면 오전 아니면 오후 시간을 모두 할애해야 하기 때문이다.

한가하게 책 만들 때가 아니었는데

그러나 어느 누구도 자신에게 침을 뱉는 글을, 조직과 상사에게 화살이 되돌아오는 글을 쓸 용기와 지혜가 없었고, 쓰고 싶어도 쓸 환경도 못 되었다. 만일 그런 글들이 105편이나 나왔다면 그것들을 묶어서 한 권의 책으로 내고, 주식하지 않는 사람들에게도 읽도록 했을지 의문스러운 것이다.

▌뜻은 좋지만

1998년 초에 삼성생명 투자 부서에서는 기발하고 재미있는 책이 한 권 발간되었다. 《주식하는 사람들》이라는 이 책에는 삼성생명 투자 부서의 임원에서 사원에까지 이르는 전 임직원의 글이 한 편씩, 많게는 세 편까지 총 105편의 글이 실려 있으며 분량도 430여 페이지에 이른다. 1997년 말 IMF 체제로 들어가면서 종합주가지수가 3백 포인트대로 떨어진 시점에서 삼성생명 투자 부서 사원들의 느낀 점들과 그들이 하고 싶은 말들을 솔직하게 적음으로써 상호간의 이해는 물론이고 투자부문 이외의 사원들까지도 주식하는 사람의 애환을 알아주었으면 하는 마음에서 책을 내게 되었다고 한다. 그 책에 담긴 사원들의 진실된 사연들, 그리고 사원들의 글을 하나하나 읽고 격려의 말을 적어 준 임원의 배려에는 숙연한 마음까지도 들었다.

▌책의 내용

이 책의 내용은 재미있다. 때묻지 않은 사원들의 소박한 글들은 반짝이는 아이디어, 자신의 소중한 경험, 투자철학 등을 담고 있다. 105편의 글 여기저기에 주식에 대한 모든 이야기가 숨어 있는 것 같았다.

- 주식투자는 영원한 수수께끼인가
- 주식=여자, 선=종목 선정, 결혼=???
- 그래도 컴퓨터보다는 인간이 낫더라
- 마약, 도박과 같은 주식
- 차범근 감독에게 운용을 맡긴다면
- 손해 보고 파는 것을 두려워해서는 안 된다.
- 주가 예측시 다수설이 성공할 가능성이 더 높은가
- 유능한 펀드매니저는 존재하는가
- 주식! 하지 마
- 반토막과 깡통
- 인생 격언, 증시 격언
- 한국의 증시, 무엇이 문제인가

이렇듯 제목만 보아도 절로 재미가 느껴지는 책이다.

▌ 내가 아쉬워하는 진짜 이유

책을 제작하기까지는 유·무형의 코스트도 많이 들었지만, 코스트를 생각하지 않더라도 나는 못내 아쉽다. 지난 연말과 올해 초는 다들 알다시피 한 치 앞을 내다보지 못하는 위기 상황이었다. 연초부터 4개월 동안 전략회의를 한다고 투자를 제대로 못 했고 9월까지도 대규모 구조조정 때문에 역시 투자다운 투자를 못 했다. 그동안 내부에서는 주식 운용의 책임을 두고 우왕좌왕했고, 사원들은 자신들의 미래에 대해 불안해했다. 그런 위기 상황에서《주식하는 사람들》과 같은 내용의 글은 아무런 도움을 주지 못했다고 생각한다. 그 당시에라도 비록 늦었지만 정말 사원들이 가슴에 품고 있는 말, 상사에게 하고 싶은 말, 자신을 비판하는 말들이 나왔어야 했다고 생각한다. 내가 투자 부서에서 보고 느낀, 투자 부서에서 잘못한다고 생각하는 것들을 적은 것이 이 책의 몇십 페이지 정도를 차지한다. 하물며 부장급과 과장급에서는 그보다 몇 배 더 많은 잘못들을 알고 있을 것이며, 사원들도 조직과 상사와 자신에 대한 비판을 몇 가지만 했어도 몇백 개의 바로 고쳐야 할 사항들이 나왔을 것이다. 그러나 어느 누구도 자신에게 침을 뱉는 글을, 조직과 상사에게 화살이 되돌아오는 글을 쓸 용기와 지혜가 없었고, 쓰고 싶어도 쓸 환경도 못 되었다. 만일 그런 글들이 105편이나 나왔다면 그것들을 묶어서 한 권의 책으로 내고, 주식하지 않는 사람들에게도 읽도록 했을지 의문스러운 것이다.

투자 부서는 새롭게 태어나야 한다

스스로 최선을 다했는지 물어보고 조금이라도 부끄럽게 느낀다면 거기에 대해서 책임도 질 줄 알아야 한다. 지금 이 순간부터라도 과거와는 다른 사고로, 다른 자세로 새롭게 시작해야 하는 것이다.

▌ 고객과 영업소장, 설계사를 생각해서

삼성생명의 운용자산은 32조 원에 이른다. 그런 만큼 밖으로는 세계 유수의 투자기관들과 경쟁해서 이겨야 하고, 안으로는 1천만 보험계약자들의 돈을 굴리는 막중한 책임을 다해야 한다. 그 옛날 자기 돈을 꼴아박아 가면서, 건강을 해쳐 가면서 희생해 온 수많은 영업 소장들, '보험쟁이'란 말을 들으면서도 이를 악물며 발이 부어터지도록 뛰어온 몇십만 명에 달했던 삼성생명 설계사들에게 부끄럽지 않은 자산운용을 해야만 한다. 그리고 설계사와 영업소장을 믿고, 삼성생명을 믿고 한 푼 두 푼 모은 돈을 맡긴 고객들을 생각하면 삼성생명의 자산운용은 더 이상 삼성생명만의 소유물이 아니라고 생각한다. 스스로 최선을 다했는지 물어보고 조금이라도 부끄럽게 느낀다면 거기에 대해서 책임도 질 줄 알아야 한다. 지금 이 순간부터라도 과거와는 다른 사고로, 다른 자세로 새롭게 시작해야 하는 것이다.

▎70%가 잘하는 일, 30%가 못하는 일?

이렇게 삼성에 대해서 잘못된 점들을 많이 이야기하면서도 나는 삼성과 삼성생명은 경쟁력을 가지고 있다고 믿고 있다. 내가 말하는 잘못은 삼성이 잘못하는 30%에 대해서만 모아 놓은 것이고, 나머지 70%는 다른 어느 국내 회사에 비해서도 경쟁력이 있고 모범이 될 만하다고 생각한다. 그러나 내가 직접 안에서 보고 체험한 삼성생명의 자산운용 부문은 거기에 못 미친다고 본다. 무슨 잣대로 그렇게 말하느냐고 묻는다면 삼성생명의 고객과 설계사 그리고 영업소장의 기대와 거기에 대한 최소한의 책임이라는 잣대로 말한다고 답하고 싶다. 삼성이라는 네임밸류와 이미지, 세계인들이 바라보는 시선이라는 잣대로 그렇게 말한다고 대답하고 싶다.

해외투자 부서에서

해외투자의 중단

아무리 관리의 삼성이라서 조직 관리가 중요하지만 그것보다 더 중요한 것은 업무의 본질인 '투자 수익률 제고'이고, 수익률보다 더 큰 기준이 없다는 것을 전 사원에게 보여 주어야 할 시점에서 그 임원의 퇴진 소식은 시대를 역행하는 처사라는 느낌을 받았다.

▌ 달러를 확보하라

1997년 12월의 어느 날, 매일 열리는 아침 시황회의에서 부장이 달러를 확보하기 위해 해외자산을 매각하라는 지시가 내려왔다고 했다. 전부터 회사의 유동성 부족으로 그런 예상은 했었지만 하루아침에 포지션을 줄이라는 충격적인 지시를 한 것이었다. 나는 부장에게 '해외자산은 해외투자팀의 밥그릇인데 그걸 몽땅 내놓으라고 한다고 내놓으면 우리는 무엇을 먹고 사느냐. 팔더라도 조금은 남겨 놓아야 10년 동안 이어온 해외투자팀의 명맥을 유지할 수 있지 않느냐.'고 말했다. 그러나 그 자리는 우리들의 의견을 묻는 자리가 아니라, 이미 정해진 사항을 통보해 주는 자리임을 상기시키면서 거기에 대해서는 왈가왈부하지 말라고 지시했다. 그전부터 상황이 그런 식으로 흘러가고 있다는 것은 어느 정도 인지하고 있었지만, 그 과정에서 얼마

만큼 임원과 부장이 반대의견을 냈는지 알 수가 없어서 아쉬움이 많이 남았다. 물론 경영진 입장에서 볼 때에는 그 판단이 옳았겠지만, 사업부 입장에서는 부서의 존폐가 달린 사안이므로 최소한의 자산은 남겼더라면 하고 생각했던 것이다. 그러나 한 번 내려진 결정은 되담을 수 없었고, 이에 따라 해외자산의 매각은 신속하게 이루어졌다. 내가 맡고 있던 일본 주식 수십 종목도 전량 매각되었고, 며칠 후 해외투자 자산은 거의 제로 상태가 되었다. 지금 와서 돌이켜보면 그것이 10년 동안 애써 키워 온 한 부서에 대한 해체의 시작이었고, 그 부서원 전원에게 있어 다른 부서원들보다 더 큰 고통을 안고 갈 수밖에 없었던 시발점이었음을 깨달을 수 있다.

▮ 투자수익률이 좋았던 해외사업부장의 퇴진

해외자산을 매각한 지 얼마 되지 않은 어느 날 오후, 해외사업부장, 즉 우리 임원이 고문으로 물러나게 되었다는 날벼락 같은 소식을 들었다. 지금이야 대기업 임원들이 잘 나가는 회사는 30% 수준, 그렇지 못한 회사는 50% 정도까지도 감원되는 상황이니 별로 대수롭지 않을지 모르지만, 그 당시에는 삼성생명에서나 그룹에서도 전례가 없었기 때문에 당사자는 물론이고 부서원 전원에게 이 소식은 충격 그 자체였다. 소식을 접한 우리 부서원은 물론이고 옆의 국내 주식 부서에서도, "왜 해외투자 사업부장이 잘리지? 책임을 지려면 당연히 자산배분을 잘못한 재무기획실이나 실적이 저조한 국내 주식 임원이 책임을 져야지." 하는 말을 했다. 그동안 국내 주식시장은 1천 포인트대에서 3백 포인트대로 폭락하는 사이에 막대한 평가손을 입은

데 비해서 해외사업부는 1997년 한 해 동안 약 15%라는 비교적 좋은 투자수익을 올렸기 때문이었다. 태국, 인도네시아 등 아시아 시장이 안 좋았음에도 불구하고 우리는 미국과 유럽 등 선진 시장에 많은 자산을 배분했고, 다른 투자기관이 폭락하는 아시아 시장에서 손해를 만회하기 위해 투자규모를 늘렸다가 낭패를 본 데 반해 우리는 일정 규모 이상의 리스크를 부담하지 않아서 손실이 적었다. 투자 수익률만으로 본다면 엄청나게 좋은 성적을 올린 부서의 임원이었던 것이다. 그럼에도 불구하고 우리 이사가 퇴진한 이유는 간단하다. 삼성식의 조직 관리를 잘 하지 못했다는 것이었다. 아무리 관리의 삼성이라서 조직 관리가 중요하지만 그것보다 더 중요한 것은 업무의 본질인 '투자 수익률 제고'이고, 수익률보다 더 큰 기준이 없다는 것을 전 사원에게 보여 주어야 할 시점에서 그 임원의 퇴진 소식은 시대를 역행하는 처사라는 느낌을 받았다.

▌ 꺼져 버린 불씨

나라가 IMF 체제에 들어가는데 우리 회사는, 나는 괜찮겠지 하는 생각은 무리이듯이 해외투자 부서가 흔들리니 부서원들도 온전할 리가 없었다. 비록 각오는 했다 하더라도 그 아픔은 너무도 컸다. 한때 40여 명에 달했던 사업부는 10명 수준으로 줄어들었고, 그 하부조직인 해외투자팀에 있던 11명의 부서원 중에서 이 글을 쓰고 있는 시점에 남아 있는 사람은 단 한 명도 없다. 11명 전원이 뿔뿔이 서로 다른 부서로 흩어졌으며, 그중 5명은 이미 회사를 떠났다. 회사가 어려우면 사원들에게도 시련이 닥치는 것은 당연하다.

하지만 사원들이 무엇을 그렇게 잘못했는지는 모르겠다. 해외투자팀을 만들어 투자할 자금을 주고 구성원을 충원한 것은 경영진인데 그 책임을 구성원들에게만 부담하게 하는 이유는 어디에 있는 것인가. 해외사업부는 워낙 자유분방하고 개성이 강한 사람들만 모였기 때문에 다른 부서로부터 '당나라 군대'라든지, '이기주의자들의 집단' 등의 말을 자주 듣곤 했었다. 과장, 부장은 물론이고 임원까지도 사원들에게 존댓말을 쓰니까 '저런 사람이 어떻게 삼성생명의 간부가 될 수 있느냐?'는 핀잔의 말을 듣기도 했다. 나는 한때 해외사업부의 그런 분위기가 삼성생명 자산운용 부문 전체로 퍼져 나가는 불씨가 되기를 바랐다. 하지만 지금은 IMF 한파에 의해 그 불씨가 완전히 꺼져 버린 것 같다.

10년 후 원점으로 돌아간 부서

규모가 큰 국내 주식 파트의 경우를 보더라도 삼성생명의 조직과 문화는 투자를 할
만큼 권한과 책임이 주어지지 않았는데, 하물며 자신이 없는 해외투자에 승부를 걸
결단도 노하우도 없었던 것이다.

▌ 10년 동안 제자리 걸음

지금의 금융그룹 회장이 삼성생명의 사장으로 재직했을 당시에 삼성생명
도 먼 미래를 내다보고 해외투자를 적극적으로 해 나갈 것을 지시했다. 그
로부터 벌써 10년이 넘게 지났지만 삼성생명 해외투자팀의 수준은 문외한
인 내가 보아도 나아진 것이 하나도 없는 듯하다. 규모가 큰 국내 주식 파트
의 경우를 보더라도 삼성생명의 조직과 문화는 투자를 할 만큼 권한과 책
임이 주어지지 않았는데, 하물며 자신이 없는 해외투자에 승부를 걸 결단도
노하우도 없었던 것이다. 그리고 많은 시간을 해외 사무소 개소식, 해외 선
진기관 경영진과의 만남, 해외 세미나 개최 등에 쓰는 바람에 조직과 인력
의 소비가 너무도 많았다.

▌지금이라도

　삼성생명 해외투자팀의 수준은 어느 정도일까? 선진화된 기관의 투자 모습을 본 적이 없으니 평가를 내리기는 어렵지만, 삼성생명 해외투자팀의 작년 모습을 점수로 매긴다면 아직까지 멀었다고 생각된다. 연말에 이익 관리를 하면서 일정 부분의 주식을 팔아 평가손을 실현한 적이 있었다. 최소한 해를 넘기기 열흘 전에는 방침이 정해져야 하는데도 불구하고 모든 것이 담당과장의 머릿속에만 있을 뿐 부장, 임원, 그 위의 임원까지 한 가지 통일된 지시가 내려오지 않았다. 평가손을 실현하자는 말은 한 달 전부터 나왔었지만 최종 지시가 떨어진 것은 결산을 불과 이틀 앞둔 시점이었다. 주식을 팔고 정상적인 결재 과정을 거쳐서 결산에 반영시키려면 사흘 이상이 걸리는데 이틀 전에야 결정이 난 것이다. 그래도 방법은 있는 법, 당시 거래하던 일본 증권사 열 군데 중에서 한 곳에서 이틀 만에 결재가 나는 거래를 주선해 주겠다고 해서 그곳에 맡겼다. 그런데 문제는 거기서 끝나지 않았다. 이익 계산이 잘못 되었다고 그 거래가 성립되면 안 된다며 즉시 취소하라고 했다. 그러나 버스는 이미 지나가 버린 뒤였다. 냉정한 주식시장에서 한 수만 물리자는 것은 있을 수 없는 일이고, 또 그런 말을 한다는 것 자체가 부끄럽기 짝이 없는 것이다. 시장 논리보다 앞서는 것이 삼성생명의 관습인지 몰라도 우리는 거래를 물러 달라고 일본 증권사에 부탁했다. 그 증권사의 서울 사무소 사원은 일본에 있는 소장에게 전화로 사정을 설명하였으나 불가능하다는 답변을 들었다. 그 다음으로 우리가 요구한 것은 일본 본사에 직접 전화를 해서 담당 부장에게 부탁을 해 보라는 것이었고, 그 일본인 사원은 역시 본사에 전화를 해 보고 여전히 불가하다고 했다. 그러자 이번에는 삼성생명 담당부장이 일본 증권사 담당부장에게 직접 전화를 해서 딱 한 수만 무르자고 사정을 했다. 그러나 '삼성식 사고'가 '국제 시장'에서 통할 리가 없었고, 그 건은 결국 해결하지 못한 채 신년을 맞이하였다.

일본 생명보험사를 모델로

"일본 생명보험회사의 투자는 실패한 케이스이다. 그들의 의식과 시스템상으로는 서구식 투자를 흉내는 낼 수 있지만 진정한 의미에서의 자산운용 선진화는 요원하다. 보험영업 부문에서는 몰라도 자산운용 부문에서만큼은 일본의 생보사에서 배울 것이 없고, 배워서도 안 된다."

▌일본 생명보험사를 모델로

우리나라 생명보험업은 태동기부터 일본의 영향을 많이 받았기 때문에 보험 체계의 80~90%가 일본과 유사하다. 구미의 대리점이나 브로커제는 생소하며, 보험모집인인 설계사 조직은 물론이고 상품구조 및 자산운용 방식까지 일본의 그것과 거의 흡사하다. 그런 역사적인 배경 외에도 한국의 생보업이 일본의 것을 닮아 가고 있는 가장 큰 이유 중의 하나는 업계의 선두주자인 삼성생명에서 일본의 생명보험회사로부터 너무도 많은 부분을 들여오기 때문이라는 생각이 든다. 한국 생명보험업계의 많은 회사들이 삼성생명의 제도를 그대로 모방하고, 삼성생명은 일본의 주요 생보사들의 제도를 들여오니 한국과 일본의 생명보험업이 더욱 비슷해질 수밖에 없는 것이다. 삼성생명에서는 보험영업 부문은 물론이고 자산운용 부문과 일반 관리 부문에서도 일본 생보사들의 제도를 모방하는 것이 관례화되어 있다. 자료실에 가 보아도 일본 생명보험업계 자료가 한국의 자료보다 더 많이 비치되어 있는 듯하다. 물론 일본의 자료 자체가 풍부하기 때문이기도 하다.

▌보고서는 일본의 사례가 있어야만 통과

웬만큼 보고서를 잘 만드는 부서도 일본의 사례를 들지 않고서는 보고서를 쓸 수가 없다. 한 가지 새로운 제도를 만들려면 처음에 나오는 환경 전망부터 일본의 사례를 든다. 일본의 1970년이 한국의 1990년과 모든 면에서 비슷하다는 것을 보인다. 그리고 일본의 유명한 생보사에서 그 제도를 몇 년에 도입했는데, 그 추진 과정은 어떻고, 추진 조직은 어떻고, 세부 추진 내용은 어떻고, 지금 그 회사에 대한 영향이 어떻게 나타나고 있는지를 설명하다 보면 보고서의 절반가량은 일본의 사례들로 꽉 찬다. 이렇게 모든 자료들이 일본 사례들로 이루어지는 가장 큰 이유는 임원급 이상에서 일본의 사례가 없는 것에 대해서는 리스크를 지지 않으려고 한다는 데에 있다. 일본에 그 제도가 있으면 그대로 따라하면 되는 것이고, 일본에도 없는 것을 하다가 실패하면 낭패이기 때문이다. 나는 8년 동안 회사생활을 하면서 전사 공통으로 기획 보고서에 일본 사례가 들어가지 않으면 과장급 이상의 결재를 받아낼 수가 없다는 것을 보아 왔다. 보고서의 중간 결재 단계인 과장, 부장 선에서 약간이라도 미심쩍은 부분에 대해서는 일본의 경우에는 어떠했는지 조사해 보라고 하며, 담당자는 즉시 일본 주재 사무소의 주재원에게 그에 대한 자료를 요청한다. 조금 앞서 나가는 부서에서는 아예 일본 출장 일정을 잡고 직접 일본에 가서 조사하고 자료를 얻어 온다.

예를 들어 삼성생명의 자산운용에 대한 향후 10년간의 마스터 플랜을 짠다고 하자. 그러면 일본의 모 생명보험회사의 연도별 자산 현황을 쭉 늘어놓고, 몇 년부터는 개인융자를 강조했고, 몇 년부터는 해외투자를 몇 %에서 몇 %로 늘렸으며, 조직은 사장 밑에 무슨무슨 부서가 있는데 그 인원은 몇 명씩이며, 해외 사무소는 어디에 몇 개가 나가 있는가 하는 점 등을 보여 주면서 삼성생명도 그렇게 가자고 하는 것이다.

▌반대의견은 뒷다리 잡는 행위

약 3~4년 전부터 해외투자 부서의 과장급 선배들로부터 자주 듣던 말이 있었다.

"일본 생명보험회사의 투자는 실패한 케이스이다. 그들의 의식과 시스템 상으로는 서구식 투자를 흉내는 낼 수 있지만 진정한 의미에서의 자산운용 선진화는 요원하다. 보험영업 부문에서는 몰라도 자산운용 부문에서만큼은 일본의 생보사에서 배울 것이 없고, 배워서도 안 된다." 소위 가방 끈 길고, 조직보다는 개인 논리만 앞세우는 그런 과장들이 이런 말을 했었다.

일본 생보사들로부터 많은 것을 도입하고 그것을 전사에 전파시키는 것이 당시 내가 있던 부서의 최우선 업무였다. 더구나 내가 그 주 담당자였으니 이런 말이 들리면 여간 섭섭한 것이 아니었지만 그런 생각을 하는 과장들이 꽤 있었다. 그러나 삼성생명의 조직에서 그런 과장들의 아이디어는 제대로 반영되지 않았다. 부장과 그 위의 많은 임원들에게까지 그런 목소리가 전달도 안 되고, 설령 전달이 되더라도 이른바 조직에 대한 뒷다리 잡는 이야기에 지나지 않는 것이다.

일본 생보업계 수위사와 협력체계 구축

동양적인 사고가 배어 있는 일본의 경우는 서로 협력관계를 구축했다는 데에 대해서 만족했고, 임원 간의 유대관계가 중요시되어 그 관계가 지속적으로 이루어진 데에 비해서 미국의 기업들은 처음 한 번 만나고는 그 다음부터 구체적인 비즈니스를 할 것을 요구했다.

▎ 일본의 A사와 협력체계 구축

일본의 생보사들로부터 삼성생명이 도움을 받아 온 것은 오래전부터였고, 마음으로부터 고맙게 생각해도 좋을 만큼 많은 것을 배웠다. 과거에 삼성생명 사장으로 지내신 분도 몇십 년 전에 일본의 C사로부터 연수비와 체재비를 받아 가면서 C사에서 연수를 받았다고 한다. 내가 일본에 연수를 간 9개월 동안 그 C사가 비자 문제를 다 처리해 주었었다. 그러나 C사는 일본에서의 동종 업계 내 위상이 삼성생명과 걸맞지 않아서 삼성생명은 업계 2위의 B사와 협력관계를 돈독히 했고, 마침내 4~5년 전부터는 일본 생보업계 수위사(首位社)인 A사와 완전한 협력관계를 구축하게 되었다. 1993년에 삼성생명과 일본의 A사는 매년 정기적으로 사장을 비롯한 임원들이 만나서 현안들을 토론하고, A사는 삼성생명에 고문을 파견하는 등 아시아 지역에

서 공동 사업을 모색하자는 등의 이야기가 교환되었다. 그 당시 삼성생명에
서는 일본의 A사뿐 아니라 미국의 선진 생보사나 투자기관과도 그런 협력
체계를 구축해 나갔다. 그러나 일본 A사와 미국의 회사들은 확실히 달랐다.
동양적인 사고가 배어 있는 일본의 경우는 서로 협력관계를 구축했다는 데
에 대해서 만족했고, 임원 간의 유대관계가 중요시되어 그 관계가 지속적으
로 이루어진 데에 비해서 미국의 기업들은 처음 한 번 만나고는 그 다음부
터 구체적인 비즈니스를 할 것을 요구했다. 전반적으로 볼 때 그 회사들과
비즈니스를 하기에는 삼성생명의 준비가 덜 되어 있었고, 따라서 미국 회사
들과의 관계는 더 이상 발전하기 힘들었다.

어쨌든 일본의 A사와는 몇 년 동안 상당히 많은 교류가 진행되었는데, 양
사간 교류에 관한 한 일본의 A사가 삼성생명에게 일방적으로 주기만 하는
관계였다. 부서마다 A사의 해당 부서에 가서 핵심 과장들에게 그 부서의 노
하우에 대해서 이야기를 들었고, 돌아올 때에는 많은 자료를 들고 왔다. 여
사원, 영업소장, 영업국장은 물론이고 본사의 본부별로 연수단을 구성해서
일본에 1주일씩, 2주일씩 연수를 갔다. 한창 때에는 일 년 동안 거의 천 명에
가까운 인원이 일본에 다녀왔다.

▌ 배우는 것보다 중요한 피드백

일본에 열흘 간의 연수를 가려면 1인당 연수비가 꽤 많이 필요하다. 아마
1인당 5백만 원씩은 들지 않나 싶다. 그런 연수에 대해 직원들은 마다할 것
이 없었다. 한 부서에서 해외연수를 안 다녀온 사람이 거의 없을 정도이니

못 간 사람이 바보인 것이다. 그렇게 경비가 많이 들어도 사원들은 대체로 이런 말들을 했다.

"이익이 많이 날 때 많이 써야지, 안 그러면 세금으로 다 나가게 된다."

"돈이 있을 때 사람에 대한 투자는 해 놓아야 한다."

어쨌든 직장인들에게 있어서는 참 좋은 시절이었다. 지금 회사에 입사한 사원들도 '삼성은 옛날부터 교육을 잘 시키기로 유명했는데, 우리 세대에는 그런 것이 물건너갔다.'고 말한다. 연수비가 많이 드는 것은 어쩔 수 없는 일, 교육을 충실히 받으면 그래도 나은 편이다. 삼성은 물론이고 국내의 모든 기업에서 주의해야 하는 것은 연수를 하고 나서 그 결과에 대한 피드백에 신경을 써야 한다는 것이다. 일본 A사의 담당자들이 가장 싫어하는 것은 우리 연수생들이 똑같은 질문을 반복하는 것이었다.

1기 연수생들에게 대답해 준 내용을 2기 연수생들이 다시 묻고, 그 후에 4기 연수생들이 또 묻는 것을 보고 일본인들은 이해를 하지 못했다. 나중에는 그것이 불만사항으로 소원이 들어오기도 했다. 삼성생명에서도 나름대로 그런 일이 일어나지 않도록 조심했지만 같은 질문 또 하기, 원론적인 질문만 하고 그 이상은 들어가지 못하는 것 등은 쉽게 고쳐지지 않았다. 내가 본 일본 A사의 사람들은 하나같이 친절하고 참을성 있으며 자기 롤 내에서 아는 범위까지 잘 가르쳐 주었다. 나중에는 A사 내부에서 삼성생명에 영업 노하우를 전파하는 것에 대해서 반대하는 의견도 많이 나왔다고 한다. 너무 깊은 내용까지 가르쳐 주어야 하는데다가 연수자와 출장자가 너무 많아서 시간을 많이 빼앗기기 때문이었다. 그러나 A사의 사장이 워낙 삼성생명에 대해 동반자로서의 지위를 확고히 해 주어서 몇 년 동안 도움을 많이 받을 수 있었다.

총무 부서보다 총무 일을 더 잘한 부서

만찬 전에 있을 칵테일 파티에는 바이올린 연주를 하는 음대생들을 동원해야 했고 그 장소에는 드라이아이스 연기를 피워올려야 했다. 만찬 중에는 민속 공연을 해야 하므로 무슨 무용단을 부를 것인가를 비롯하여, 회식 시에 자리 배치는 어떻게 해야 하는지 계획을 짜고 사전에 가서 확인을 해야 했다.

▌투자 부서인지 총무 부서인지

앞에서도 언급했듯이 일본 A사와의 관계는 비즈니스로 연결은 잘 안 되고, 임원들 간의 관계를 돈독히 하는 데에 초점이 맞추어졌다. 당시에 내가 있던 부서가 A사와의 공식적인 창구였기 때문에 모든 부서원들이 행사 준비하기에 바빴다. 우리 부서원들은 '우리가 총무과 직원보다 더 총무 일을 잘 할 것이다.'라는 말을 했다.

일본 A사의 사장을 비롯한 주요 임원 7~8명이 삼성생명을 방문하여 우의를 다지는 행사가 있었다. 행사 준비는 길게는 서너 달 전부터 이루어졌으며, 약 한 달을 앞두고는 행사 T/F 팀이 구성되었다. 행사라고는 '행'자도 모르는 사람들이 모여서 행사 준비를 했는데, 한 달 내내 특근을 했고 주말에도 나와서 일을 했다. 당시 담당과장은 특근비를 한달 풀로 받았었다. 그렇지만 무엇이 필요한 일이고 무엇이 필요하지 않은 일인지 모르고 무조건 일을 했던 것 같다. 상호 협력에 관한 조인식의 내용에 대한 사항들은 기본이고 필요한 사항들은 모두 일본어로 번역하거나 반대로 한국어로 번역을 하여 교환했다. 일본 임원들이 김포공항에 도착하면 일어날 수 있는 모든 시나리오를 가지고 준비를 해야 했다. 김포공항에서 삼성생명 본사에까지 소요되는 시간을 측정하기 위해서 사전에 같은 요일, 같은 시간에 예행 연습을 해 보는 것은 기본이다. A사의 사장이 공항 출입문을 나와서 도로변에 서는 순간 렌트해 놓은 벤츠인지 캐딜락인지 하는 차가 헤드라이트를 깜빡이면서 5초 이내에 도착할 수 있는 방안을 생각하느라고 고민도 많이 했다. 몇 번을 공항에 나가서 공항 축소판 지도를 그렸으며, 주차장도 의전 주차장을 사용하는 방안도 생각했다. 차량이 모두 몇 대가 필요하며, 그중 회사차와 렌트카는 각각 몇 대씩 쓸 것인가, 그리고 국내 체류 일정 동안 그 차량들의 동선은 어떻게 되며, 차량의 조는 어떻게 짜여질 것인가, 이동할 때의 차량들의 순서는 어떻게 정할 것인가 하는 것까지도 면밀히 고려해야 했다.

▌ 물수건은 히트

교통 상황에 따라서 회의 시간을 조절하는 것과 회의실 장식은 어떻게 할까에 대해서도 고민했다. 예를 들어 회의실에 '환영', '경축' 등의 문자를 새기는 데에도 돈을 주고 전문가들을 샀다. 담당 과장은 갖가지 아이디어를 내다가 회의실 탁자에 물수건을 놓는 것까지 생각해 냈다. 이 아이디어는 큰 히트를 쳤다. 회의장에 도착한 일본 손님들이 시원한 물수건을 들고 놓을 줄을 몰랐던 것이다. 손도 닦고 얼굴도 닦고 심심풀이로 들고도 있고 했는데, 어쨌든 기발한 아이디어였었다.

회의장에서 양사 임원이 이런저런 이야기를 하게 될 터인데, 그때에는 무슨 이야기를 할지에 대해서도 사전에 자료를 만들고 결재를 받아야 했다. 또 그 자료는 일본어로 번역하여 일본측에도 제공해야 했다.

만찬 전에 있을 칵테일 파티에는 바이올린 연주를 하는 음대생들을 동원해야 했고 그 장소에는 드라이아이스 연기를 피워올려야 했다. 만찬 중에는 민속 공연을 해야 하므로 무슨 무용단을 부를 것인가를 비롯하여, 회식시에 자리 배치는 어떻게 해야 하는지 계획을 짜고 사전에 가서 확인을 해야 했다. 만찬이 끝나고 혹시 양사 사장 간에 한잔 더 하자는 이야기가 나올 경우에 대비해서 그 후의 일정에 대해서도 장소를 미리 알아 두고 예약까지 해 놓았다.

다음 날 골프를 치게 되면 조를 짜야 되는데, 직위와 골프 실력을 감안하여 어떻게 조를 짜야 하는지, 일본 임원이 개인 골프채를 가지고 오면 그것은 어떻게 보관하고 제공해야 하는지, 점수 계산은 누가 어떻게 할지에 대해서도 생각했고, 거기서 수상할 트로피도 일본어로 만들었다. 마지막 날 일본 임원에게 삼성생명의 창구나 연수시설을 보여 주는 일정에 대해서도 계획을 짰다. 이렇게 많고 까다로운 행사를 의전을 꽤 잘하는 부장만 믿고 시작했지만 전 부서원이 붙어서 겨우겨우 해 나가는 수준이었다. 준비 과정에서 엄청난 시행착오가 있었고 힘도 많이 들었지만 행사 결과는 대만족에 가까운 점수를 받았다. 사장을 비롯해서 임원들이 행사를 잘 치렀다고 칭찬을 해 주었고 임원도 아주 자랑스러워했다.

본업보다 중요한 세미나 행사

매일 오후 5시 정도에 회의를 열어서 그날의 진척 상황을 체크했으니 임원과 부장은 물론이고 담당 과장까지 그 일에만 신경을 썼다. 그러니 그 부서의 본업은 거의 마비가 되다시피 하였다.

▌부서의 본업은 뒷전

톱 교류회가 끝나자 나는 곧바로 '아시아 생보 세미나' 행사 준비에 투입되었다. 이 세미나는 일본의 A사에서 매년 아시아 주요 생보사의 임원이나 간부를 초청해서 아시아 생보산업에 대한 정보를 교환하던 것을 삼성생명과 공동으로 개최하게 된 것이다. 참가 인원은 약 20명, 일정은 한국과 일본에서 각각 5일 정도 연수를 받으면서 각종 인프라 견학도 겸하는 것이었다. 그런데 내가 있던 부서는 톱 교류회 전에 있었던 해외 사무소 개소식 준비까지 합하면 거의 두세 달 동안 큰 행사를 치렀더니 더 이상 행사 준비를 할만큼 부서의 에너지가 남아 있지 않게 되었다. 그래서 엉뚱하게도 이 세미나 준비는 옆에 있던 부서에 떨어졌고, 역시 행사라고는 한 번도 해 보지 않은 그 부서는 이 세미나를 치르느라고 전 부서원이 한 달 남짓 이 일에 달라붙었다. 매일 오후 5시 정도에 회의를 열어서 그날의 진척 상황을 체크했으니 임원과 부장은 물론이고 담당 과장까지 그 일에만 신경을 썼다. 그러니 그 부서의 본업은 거의 마비가 되다시피 하였다.

▎안내장 한 장 쓰는 데 일주일

행사 준비는 정말 손이 많이 가는 일이다. 그것을 업으로 하는 사람들이라면 척척 해낼 수 있겠지만 처음 해 보는 사람들은 시행착오가 없을 리가 없다. 사실 행사가 시작되기 전 약 4~5개월 전부터 세미나 개최에 대한 사전 작업을 했었는데, 맨 처음에 참석 대상자들을 물색하는 작업과 그들에게 안내장을 만드는 작업이 아주 힘들었다.

안내장을 영어로 만들어야 했는데 영어라고는 별로 잘하지 못하는 내가 주 담당자였으니 오죽했겠는가? 먼저 한글로 안내문 내용을 만들었다. 올해부터 갑자기 삼성생명과 일본 A사가 공동 주최하게 된 배경 설명은 물론, 삼성생명에 대한 소개와 대략적인 일정도 소개해야 했다.

내가 초안을 잡아서 부장에게 보고를 했는데, 부장이 글을 잘 쓰는 과장에게 다시 부탁하여 잘 다듬은 후에 임원에게 보고했다. 임원이 두 번 정도 수정을 한 후에야 영작에 들어갈 수 있었다. 영어를 잘 한다는 과장들과 미국에서 살다가 온 사원에게 부탁해서 겨우 영문 안내장이 만들어졌다. 안내장의 중요성에 비추어 볼 때 조금이라도 어법이 틀리거나 우스운 영어를 쓰면 안 되는 일이어서 삼성연수원에서 강의를 하는 외국인 강사를 찾아가 최종적인 수정을 받았다. 그 정도에서 모든 일이 끝나야 일정에 맞게 보낼 수 있는데 임원의 눈에는 그 영어가 어설프게 보였던지 다시 수정을 해 댔다. 단어나 어법도 수정을 했지만, 전체 문장을 쭉 읽어 보면 문맥이나 내용상으로도 마음에 안 드는 것이 많은 법, 안내장 전체가 다시 왔다갔다했다. 그 편지를 일본의 A사에게 합의를 보고 발송을 해야 했는데 일정이 일주일 이상 늦어졌다. 안내장 만드는 것보다 더 힘든 것은 영어 회화라면 초급반에나 들어야 하는 내가 아시아 각 생보사들의 전화번호만 가지고 통화를 했던 일이다. 상대측 회사에서 나보다 더 영어를 못하는 사람들이 나오는가 하면, 내가 영어로 인사를 하자 당황해서 전화를 끊어 버리는 회사도 많았다. 물론 나중에 행사 일정이 더 다가오자 영어를 잘 하는 사람들과 함께 일을 함에 따라 그런 웃지 못할 상황은 없었다.

▌ 채식주의자는 마요네즈도 안 먹는다

행사 때 쓸 교재도 영어로 번역해야 했다. 그리고 그 교재를 넣어 줄 파일은 어떤 것을 쓸 것인지 결정해야 했고, 동시 통역사를 구해야 했으며 참가자들에게 줄 선물, 고기를 못 먹는 '채식주의자'들에 대한 식사 문제도 고려해야 했다. 채식주의자들은 계란을 주원료로 하여 만들기 때문에 마요네즈도 먹지 않는다는 말을 들었을 정도이니 식사 문제에 신경을 쓰지 않을 수 없었던 것이다. 참석자들이 만에 하나 질병에 걸리면 어떻게 하느냐에 대해서도 만반의 준비를 했다. 우리는 호텔에서 숙식을 하니 호텔 측에 맡기면 된다고 생각했다. 그러나 결국 방을 하나 더 예약하여 우리 부서 사원들이 비상 대기조 역할을 해야만 했다. 일정 내에 참석자들의 비자를 만들어 주기 위해서 공중도 받았고, 편지 한 장까지도 특별히 주문 제작한 편지지를 사용했다. 한 달 이상 소요된 이 행사 역시 마지막 날 밤에 우리 임원과 전 참석자들이 손에 손을 잡고 작별의 노래를 부르면서 막을 내렸다. 회사에서도 행사를 잘 치렀다고 했다.

일본 회사 사원이 하던 일을 삼성생명 부장이 해

일본 생명보험 회사의 전무 정도 되는 수준의 사람이 이런 행사에 대해서 알 필요가 없는 것이다. A사는 이 세미나가 있는 첫 날에 담당 부장이 나가서 환영사를 하는 정도에서 일을 치른다. 그러나 삼성생명에서는 그와 비교하면 천지차이이다.

▌ 임원이 초안을 잡고, 부장이 편지를 쓰고, 과장은 식당 예약

행사를 치르면서 보고 느낀 것이 몇 가지 있다. 먼저 행사를 너무 중요시함으로써 행사를 위한 행사가 되어 버리는 현상을 꼽을 수 있다. 나는 톱 교류회 때에 일본 A사의 임원과 같은 차를 타게 되었는데, 그 자리에서 들은 이야기는 많은 것을 느끼게 했다. 톱 교류회는 물론이고 세미나까지 관장해야 하는 부서의 그 임원에게 담당과장이 세미나에 대한 브리핑을 하였다. 그동안 일본 A사가 단독으로 운영해 왔던 세미나가 어떻게 해서 삼성생명과 함께 치러지게 된 것인지, 그리고 올해의 행사 개요는 어떠한지에 대해서 브리핑을 했는데, 그 임원은 그 이야기를 그 자리에서 처음 들었다고 했다. 일본 생명보험 회사의 전무 정도 되는 수준의 사람이 이런 행사에 대해서 알 필요가 없는 것이다. A사는 이 세미나가 있는 첫날에 담당 부장이 나가서 환영사를 하는 정도에서 일을 치른다. 바쁜 담당 부장이 이익이 나지 않는 그런 일에 신경을 많이 쓸 필요도 없고 모든 것은 과장이나 그 이하 수준에서 메뉴얼대로 처리하면 될 일이다. 아무것도 어려울 것이 없고 담당자 두 명이면 충분히 준비가 되는 것이다. 그러나 삼성생명에서는 그와 비교하면 천지차이이다. 행사에 대해서 사장에게까지 보고를 하자니 사전에 보고서 만드는 데에도 많은 시간과 노력이 필요하다. 사장에게 보고가 끝나면 세부 계획을 수립해야 하는데, 그 세부 계획은 임원이 매일매일 챙기고 회의를 주재한다. 부장이 참석자들에게 보내는 초청장과 편지가 제대로 되었는지 검토한다. 그리고 부장이 참석자들에게 직접 전화를 했는데, 그 사람들과 일하는 시간대가 다르니 여간 신경을 써서 전화를 하지 않으면 안 되었다. 과장이 직접 식당 예약을 하러 다녔다. 한 번에 예약하는 것이 아니라 사전에 몇 번씩 갔다와서 보고를 한 후에 예약을 해야만 했다. 겨우겨우 만든 세부 계획서를 가지고 임원이 그 위의 임원에게 보고를 하지만 몇 번을 보고해도 통과하지 못한다. 위의 임원이 만찬은 이렇게 해라, 인프라 견학은 이 코스를 꼭 집어 넣어라, 참가자에 대한 선물은 무엇이 준비되었느냐 등에 대해서 일일이 지시하고 질문을 한다. 그러면 다시 준비해서 보고를 해야 하는 것이었다.

식사 장소, 선물 정하기 힘들었던 '고문 제도'

도자기는 종류별로 사진을 찍어서 앨범에 넣어 놓고 썼는데, 좋은 도자기나 선물이
있으면 직접 카메라를 가지고 가서 사진을 찍어 왔던 것이다. 그래서 선물이 언급되
는 보고서를 만들 때면 사진을 첨부하여 1안, 2안, 3안을 보고했다.

▌좋은 음식점은 미리 가서 맛보고, 좋은 선물은 사진을 찍어 와야

　일본 A사에서는 삼성생명에 경영 고문을 파견했다. 지금도 계속하고 있
는지에 대해서는 잘 모르겠지만 거의 3년 정도 지속된 것 같다. 고문이 삼
성생명을 방문할 때마다 주요 부서의 과장급들을 동행해서 각 부서의 노하
우를 소개시켜 주었다. 그들의 강의 내용과 삼성생명에서 일본으로 출장 가
서 얻은 자료들을 모은 것이 책으로 두 권, 자료집 두 권으로 나올 정도의 분
량이다. 그들의 수고와 강의 내용을 생각하면 삼성생명측에서는 아무리 많
은 사례를 해도 모자란다고 나는 생각한다. 이 고문 제도의 담당자 또한 나
였는데, 이 제도 운영도 만만치가 않았다. 고문이 1년에 여섯 번을 방문한다
면 2년 정도면 열 번이 넘게 방문하게 된다. 그런데 매번 음식점을 새로운
곳으로 물색했고 선물도 한 번 준 선물은 피하려다 보니 그 자체가 엄청난

일이었다. 그들이 방문할 때마다 식사는 4~5끼니를 해결해야 했는데, 그중에 한 번은 새로운 곳으로 안내해야 했다. 그나마 부장이 워낙 그런 일에는 일가견이 있어서 잘 해결했는데, 예를 들어서 아주 맛있는 복국집이 있다면 사전에 가서 미리 맛을 보고 방도 구경해 놓아야 할 정도였다. 선물도 마찬가지이다. 도자기, 넥타이 핀, 골프용품, 대구알, 김치, 양복 등 할 만한 것은 다 선물했고, 이번에는 또 무엇을 선물해야 할지가 고민이었다. 사실 부서에는 행사 때마다 쓰기 위해서 선물에 대한 팜플렛만 해도 많이 비치되어 있었다. 도자기는 종류별로 사진을 찍어서 앨범에 넣어 놓고 썼는데, 좋은 도자기나 선물이 있으면 직접 카메라를 가지고 가서 사진을 찍어 왔던 것이다. 그래서 선물이 언급되는 보고서를 만들 때면 사진을 첨부하여 1안, 2안, 3안을 보고했다. 부장이 신경을 많이 쓴 이유는 식사 장소와 선물 등 모든 것이 임원을 비롯한 그 위의 임원이 결정했기 때문이다. 그래서 대충 안을 올렸다가는 혼이 났고, 혼이 안 나려고 하니 매번 고민을 할 수밖에 없었다.

▮ 한 번 보고 싶은 그 기념패

고문 제도를 운영하면서 가장 힘들었던 일은 고문에게 기념패를 만들어 주는 것이었다. 고문의 계약 기간이 완료되어 1년을 연장해야 했는데, 그것을 위해서 일본 A사의 사장 앞에서 우리 임원이 감사패를 주며 1년 더 유임시켜 줄 것을 암묵적으로 부탁할 때 쓰려던 기념패였다. 기념패가 필요하다고 해서 기념패를 자주 만드는 부서에 부탁하여 잘 만드는 곳을 소개받고 거기서 제작한 팜플렛도 한 권 얻었다. 그리고 가장 값비싼 것으로 선정해서 임원에게 보고를 올렸다.

그런데 그 임원이 아주 까다로운 주문을 했다. 자신이 일본에 있을 때에 받은 기념패가 하나 있는데 그런 기념패를 만들라는 것이었다. 말을 들어 보니 아주 좋은 원목을 썼고, 접을 수 있으며, 사진이 들어간다고 했다. 즉시 일본 주재 사무소에 전화를 해서 그 기념패가 어떤 것인지 파악하고 기념패를 만든 업체에 주문을 하기로 했다. 그런데 그 원목이 워낙 귀한 것이어서 주문을 하면 시간이 많이 걸려 일본을 방문하는 날까지 기한을 못 맞춘다고 했다. 그래서 일본에서는 원목만 구하고 나머지 필요한 것은 한국에서 만들어 간 후 일본 공항에서 본드로 붙이는 것까지 생각했고, 동경 사무소측과 그것이 기술적으로 가능한지 상의하기도 했다. 결국 너무 무리한 작업 같아서 그냥 서울에서 기념패를 만들기로 했다. 기념패에 들어갈 문구는 동경 사무소에 몇 번이나 보내서 일본인 사원의 자문을 얻어 정했고, 글씨체가 예쁘게 나오지도 않는 일본어 시스템을 사용해서 본을 떴다. 그런데 문제는 기념패 안에 들어갈 고문의 명함 사진이 없다는 것이었다. 고문에게 직접 전화를 해서 명함 사진을 보내 달라고 하기에는 시간도 촉박했고 겸연쩍어 할까 봐서 그렇게 하기 힘들었다. 할 수 없이 홍보팀에 올라가서 그동안 찍은 고문 사진을 다 꺼내 놓고 쓸 만한 사진을 찾았는데, 아주 어렵게 구할 수는 있었다. 그렇게 해서 기념패를 다 만들었는데, 기념패가 너무 크게 나왔다고 다시 제작하라고 했다.

할 수 없이 다시 만들어야 할 상황이었는데, 그 시점에서 기념패를 만들기로 한 계획이 백지화되었다. 일본 A사 사장 앞에서 고문을 치하하며 1년 더 유임시켜 달라고 하는 인상을 주는 것은 남의 회사 인사에 간여하는 꼴이 된다는 우려가 나왔기 때문이었다. 이와 같이 꼭 필요한 일인지 깊이 따져

보지도 않은 채 일단 일을 시작부터 하여 시간과 인력을 낭비한 일은 그 외에도 많이 있다.

▌먼저 물어보고 계획을 잡아야지

한번은 일본의 한 생보사의 중요한 인물이 별세를 해서 삼성생명에서 조문을 가야 했다. 아주 높은 경영진이 조문을 가기 때문에 사전 준비가 만만치 않았다. 먼저 비행기 예약을 해야 했다. 하지만 경영진의 출발 시간과 일정을 정확히 모르기 때문에 비행기 표를 몇 개의 시간대로 나누어 예약을 해 두었다. 돌아오는 표는 더욱 종잡을 수가 없었다. 조문 후에 일본 홋카이도 관광을 준비했는데 코스별로 시간이 달라지기 때문이었다.

그 정도의 행사면 여행사에 부탁해서 그 항공기의 기체 단면도도 구해서 좌석이 어디인가를 나타내는 그림을 별첨으로 보고도 해야 했다. 자료실에 가서 일본 지도와 관광 안내도를 갖다 놓고 관광 코스를 두 개로 잡았다. 물론 차를 렌트할 것인지도 정하고 숙박시설도 아예 전화로 예약을 해 두었다. 그런데 힘들게 관광 코스를 잡은 보람도 없이 홋카이도 관광은 취소되었다. 먼저, 남의 회사 조문에 참석했다가 관광을 하는 것이 예의상 맞지 않고, 두 번째로 겨울에 하는 홋카이도 여행은 길이 미끄러워서 위험하다고 누군가가 경영진에 충고를 했기 때문이었다.

행사를 위해서라면 헬리콥터도 동원

삼성조선소가 들어갈 것 같자 이동시간을 줄이기 위해서 헬리콥터를 이용할 계획도 세웠다. 헬리콥터 타는 장소와 시간 확인도 다 했었다. 그러나 그렇지 않아도 사고가 잘 나는 한국에서 헬리콥터를 탄다는 말을 듣고 일본 사람들이 기겁을 하며, 거절했다는 말을 들었다.

▎여행사에 맡기는 게 경제적

일본 A사와 삼성생명 간의 투자 부서끼리 만나서 서로의 주식시장에 대해 설명을 하고 의견을 나누는 행사도 1년에 두 번씩 열렸다. 한 번은 경주에서 이 행사가 개최되었는데, 그때 일은 내 기억에 생생하게 남아 있다. 이 행사를 준비하느라고 처음부터 애를 많이 먹었기 때문이다. 주식 부서에서 행사를 할 것이냐 창구 부서인 우리 부서에서 할 것이냐가 명확하게 정해지지 않은 채 오락가락했다. 열심히 준비를 하고 있는데 그쪽 부서에서 한다고 해서 서류철까지 인수인계를 끝냈는데, 또 우리 부서에서 한다고 해서 되돌려받았다. 그런데 또 그쪽 부서에서 하기로 했다면서 도로 다 가져갔다. 그래도 그런 행사를 해 본 적이 없는 부서인지라 많이 도와주어야 했다. 그 부서에서 하는 바람에 A사와 중간에서 다리를 놓는 동경 사무소에서는 일정을 못 맞추어 발을 동동 구르기도 했다.

맨 처음 내가 이 일을 맡았을 때에는 외부 기관에 의뢰할 생각이었다. 그동안 행사를 여러 차례 치르다 보니 너무 많은 시간과 인력이 허비되는 것 같아서 이번에는 같은 빌딩 내의 여행사에 의뢰해서 모든 것을 맡기는 것이 더 경제적이라고 생각했던 것이다. 경비를 뽑아 보니 여행사측이 더 싸게 나왔지만 다른 부서로 그 일이 넘어가면서 그 부서의 임원이 사원들더러 직접 준비하라고 지시를 했다.

▌헬리콥터도 타 볼 수 있었는데

그 부서에서 과장 한 명과 대리 한 명, 그리고 사원 한 명 등 총 3명이 그 일을 추진했으며, 대리는 아예 하루 날을 잡아서 경주에 답사까지 다녀왔다. 김해공항에서 경주까지 이동하는 인원은 7~8명에 불과했지만 편의를 위해서 우등 고속버스와 같은 구조의 최고급 리무진 버스를 예약했다. 회의 후에 있을 견학코스를 잡는데, 삼성조선소가 들어갈 것 같자 이동 시간을 줄이기 위해서 헬리콥터를 이용할 계획도 세웠다. 헬리콥터 타는 장소와 시간 확인도 다 했었다. 그러나 그렇지 않아도 사고가 잘 나는 한국에서 헬리콥터를 탄다는 말을 듣고 일본 사람들이 기겁을 하며 거절했다는 말을 들었다. 그 바람에 삼성조선소는 일정에서 제외되었다. 행사 당일은 일찌감치 김포에서 김해로 비행기를 타고 가서 일본 손님들을 모시고 경주로 향했다. 작은 행사였지만 플래카드에 사방화에 기념사진까지 다 찍었다. 회의가 다 끝나고 식당에서 저녁을 먹으면서 술을 마셨다. 두 시간쯤 지나서 9시나 되었을까? 일본 사람은 일본 사람들끼리, 삼성 사람은 삼성 사람들끼리 각각 자유시간을 갖기로 했다. 우리 임원은 수고했다고 하면서 호텔에 있는 가라오케로 모두를 데려갔다. 노래가 몇 곡 오가는 동안 그 임원의 십팔번인 폭탄주가 돌았다.

▌ 최고급 호텔에서의 밤을 PC와 함께

저녁에 반주로 몇 잔 마셨고 폭탄주에다 양주까지 한잔하고 나니 알딸딸하게 취기가 올랐고, 이 밤을 어떻게 즐기나 하고 생각할 때쯤 부장이 나만 살짝 불러냈다. 오늘 있었던 회의 내용을 PC로 정리하여 내일 아침 일찍 임원에게 보고하자는 것이었다.

그때가 밤 11시쯤이었다. 호텔의 '비즈니스센터'에 가서 사정을 설명하고 새벽까지 사용할 수 있도록 허락을 받은 후에 곧바로 작업에 들어갔다. 그런데 PC 프로그램이 회사에서 쓰던 것과 달라서 아주 곤혹스러웠다. 갈길은 먼데 마음먹은 대로 일이 진행되지 않아서 우리가 짜증을 내고 불안해하자 호텔 직원들도 어쩔 줄 몰라했다.

밤이 깊어가자 호텔 직원은 다 돌아가고 부장과 둘이서만 계속 작업을 했는데 새벽 3시가 넘어서야 겨우 작업이 끝났다. 기분좋게 회사에 팩스를 보내 사원들과 임원에게 보고한 후 그 위의 임원에게도 보고하라는 부탁을 했다. 그리고 아침 일찍 경주에 온 임원에게도 보고를 했다.

█ 골초라면 그 정도는 되어야

　한번은 일본에서 정보교류회를 한 적이 있었다. 오전 회의가 끝나고 중식 장소로 갔다. 앉아서 음식이 오기를 기다리고 있는데, 내 나이 정도나 된 듯 싶은 사람이 한 명 들어왔다. 건장한 체구에 얼굴도 부리부리한 미남형이었다. 말도 꽤 자신감 있는 어조로 곧잘 했다. 바로 내 앞에서 담배를 피우기 시작했는데 음식이 나오기 전 약 10분 동안 세 개비나 피워 댔다. 담배를 안 피우는 나로서는 신경에 거슬렸기 때문에 몇 대나 피우나 싶어 의식적으로 헤아리고 있었던 것이다.

　그런데 식사가 끝나자마자 다시 피운 담배는 약 20분 동안에 또 서너 대에 달했다. 옆에 앉아 있는 사람에게 실례가 되고 안 되고를 떠나서 건강상 저러면 안 되는데 싶었다. 그래도 워낙 건강해 보이니 괜찮겠지 하고 생각했다. 오전에는 참석하지 않았던 그 사람은 오후에는 내 맞은편에 앉았는데 회의실에서도 계속 줄담배를 피워 댔다. 회의실 안에서 처음 한 대를 피울 때에 나는 긴장했다. A사의 임원까지 나와서 인사를 했고 부장이 부동자세로 있는 데다가 손님인 삼성생명의 임원과 부장이 있는 앞에서 혼자 담배를 피우니 말이 안 되는 이야기였다. 담배를 피워도 조심하면서 피우는 것이 아니고 아주 드러내 놓고 피웠다. 담배를 계속 피우자 저 사람은 너무 골초여서 A사에서도 포기한 사람이구나 하고 생각하면서도 상식적으로 용납이 안 되었다. 담배 한 대가 끝나면 불도 끄기 전에 또 한 대를 물고, 끝이 없었다. 나중에는 몇 대째인지 헤아리는 것을 포기했다. 잠시 휴식시간을 가지는 동안에 그 사람이 누구냐고 물었더니 A사 로열 패밀리 중의 한 사람으로서 장래 회장감이라고 했다. 그러면서 현재는 기획관련 부서의 과장으로 경영수업을 받고 있다고 했다.

휴식시간이 끝나고 다음 강의에서는 그 골초가 강의를 했다. 말하는 것을 들으니 자신감에 찼고 똑똑했고 강의도 잘했다. 그런데 강의 도중에도 담배는 입에서 떼지 않았다. 담배 피우면서 강의를 하는 것은 또 난생처음 보았다. 강의가 끝나고도 그 사람의 담배 피우는 모습이 한동안 머리에서 떠나지를 않았는데, 솔직히 말해서 예의가 없었다는 느낌보다 엄청난 골초를 보았다는 기분이 앞섰다.

나는 행사를 치른다고 공항에 하도 마중을 자주 나가서 운전기사는 모르는 사람이 없게 되었고, 안내한다고 경복궁과 그 안에 있는 민속박물관은 몇 번을 갔는지 기억이 안 날 정도이다. 인사동에 도자기 구경하러도 많이 갔고, 어떤 때에는 천안에 있는 독립기념관까지 내려가기도 했다. 경비가 많이 든다고 경비 관리 부서와 싸우기도 했고 일정을 못 맞춘다고 잘 아는 동경 사무소 주재원들에게 욕도 많이 들었다. 그래도 지나고 나면 다 한때의 추억으로 느껴진다.

제
6
부

삼성의 경쟁력은
사람

삼성생명이 잘된 데는 그만한 이유가 있었다 / 삼성생명 간부는 뭐가 달라도 달랐다 / 삼성생명 최고의 뚝심 / 나도 저런 간부가 되어야지 / 그래도 설계사의 공이 제일 커 / 어느 설계사의 아름다운 이야기 / 삼성생명 사원들의 생산성은 2, 3위사의 1.5배

삼성생명이 잘된 데는 그만한 이유가 있었다

보험산업을 '인지산업', 즉 기계나 설비는 필요없고 오로지 사람과 종이만 가지면 해나가는 사업이라고 한다. 그런데 종이는 대한민국에서 다 같은 종이를 쓰고 있으니, 이제까지 삼성생명이 다른 회사에 비해서 더 빠른 속도로 성장해 왔다면 그 요소는 나머지 하나인 사람에게 있는 것이다.

▌ 삼성생명은 가만히 두어도 잘 굴러간다?

1993년, 이건희 회장이 신경영에 대해 해외에서 며칠씩 강의를 하고 그 내용을 사내 방송으로 방영하던 때였다. 회장의 말 한마디가 삼성생명 사원들의 마음에 상처를 주었다. 아마 A라는 회사가 엄청난 적자를 내자 다음과 같은 말을 했던 때라고 기억된다.

"A사는 태어나지 말아야 했을 사생아이다." 삼성생명에 대해서는 또 이런 식의 말을 했다. "지금 삼성생명이 잘 나간다고 해도 자랑할 일이 아니다. 삼성생명은 자기들이 잘 해서 잘 나가고 있다고 생각한다면 착각이다. 삼성이라는 이름만 달면 보험회사는 잘 굴러가게 되어 있다."

물론 회장의 뜻은 삼성생명 사람들의 노력이 부족하다는 뜻이 아니라 비록 잘 나가는 삼성생명도 거기에 자만하지 말라는 의미였을 것이다. 그래도 그 말을 듣는 삼성생명 사원들은 섭섭함을 느꼈고, 거기에 대해서 절대로 그렇지 않다고들 이야기했다. 다시 한번 말하지만 나는 이 책에서 삼성생명이 잘못하고 있는 일만 주로 언급했는데, 실제로는 삼성생명이 잘 하는 일이 훨씬 더 많다고 본다. 때로는 합리적이지 못한 일들도 벌어지고 있지만 그래도 국내에서 시장 점유율이 30%가 넘을 정도의 경쟁력을 가지고 있는 것이 사실이다.

그래서 지금부터는 삼성생명이 그래도 경쟁력이 있고, 향후 세계 유수의 외국 금융기관과 경쟁을 해 갈 수 있는 잠재력이 있다는 것을 말하고자 한다.

▌경쟁력이 종이는 아닐 테니 사람이 틀림없다

삼성생명이 보유하고 있는 가장 큰 경쟁력은 두말할 필요도 없이 '사람'이라고 생각한다. 흔히들 보험산업을 '인지산업', 즉 기계나 설비는 필요없고 오로지 사람과 종이만 가지면 해 나가는 사업이라고 한다. 그런데 종이는 대한민국에서 다 같은 종이를 쓰고 있으니, 이제까지 삼성생명이 다른 회사에 비해서 더 빠른 속도로 성장해 왔다면 그 요소는 나머지 하나인 사람에게 있는 것이다.

다 같은 사람을 뽑는데 왜 다른 생보사 사람들보다 삼성생명 사람들이 더 낫다는 말인가? 내가 보기에는 삼성생명 사람들은 공채로 뽑은 사람들이라서 조금 다른 점이 있는데다가 그만큼 철저하게 교육을 시켰기 때문이라고 본다.

삼성그룹에 공채된 사람들이 10년, 15년 전에는 삼성생명에 배치되는 것을 극히 싫어했던 만큼 보험산업에 우수한 인재들이 많이 들어오지 않았던 시절부터 그룹에서 의도적으로 사원들을 보냈던 것이다.

▍지금 회장보다 더 나은 회장이 있을까

입사 후 8년 동안 지내면서 이런저런 사람을 많이 보아 왔고 그들에게서 어떤 때에는 아쉬움을 느끼거나 실망도 했지만, 전체적으로 본다면 역시 삼성생명의 임직원들은 존경할 면이 많았다. 인간적인 면, 합리적인 면에서는 그 평가가 달라질지도 모르지만 회사를 향한 마음가짐, 일에 대한 열정, 그리고 동료들 간의 끈끈한 유대관계는 다른 어느 조직에서도 찾아보기 힘들 정도였고, 그런 것이 오늘날의 삼성생명이 있기까지의 밑거름이 되지 않았나 싶다. 여하튼 내가 보고 느낀 삼성생명 사람들에 대해서 나의 의견을 말하고자 한다.

삼성생명 회장은 샐러리맨들에게 있어서는 입지전적인 분이다. 나이 40대에 삼성에서 사장이 될 정도로 머리가 좋다고 한다. 과장으로 있을 때에 그룹 회장에게 브리핑할 기회가 있었는데, 믿기지 않을 정도의 기억력을 선보여서 회장 눈에 띄었다는 것이다. 삼성생명 사장으로 재임하던 시절에 '동방생명'이라는 상호를 '삼성생명'으로 바꾸었다고 한다. 당시에는 반대하는 임원들도 많았지만 대부분 예리한 선견이었다고들 평가하고 있다. 그리고 10여 년 전에 해외투자를 확대해 나가라고 지시했다. 거기에 맞추어서 해외투자를 잘 이끌어갈 경영진이 있었더라면 그 또한 삼성생명의 자산 운용력을 한 단계 높였을 것이라고 믿는다. 사원들도 누구 하나 지금 회장보다 더

188

삼성인 샐러리맨
삼성문화 대기업문화

나은 회장이 삼성생명에 오리라는 생각을 못하는 것 같다.

▌ 사장의 안주머니

삼성생명 출신 첫 사장으로 탄생한 옛날 사장도 사원들의 존경을 많이 받았다. 임원이 되어 삼성생명으로 오는 다른 경영자들과는 달리 영업소 소장부터 시작하여 삼성생명 물만 먹고 사장이 된 케이스의 그분을 아무도 싫어하는 사람이 없었다. 같은 핏줄이라는 보이지 않는 끈이 있었기 때문일 것이다. 큰 키에 멋진 마스크를 가진 그 사장을 다들 존경했지만 나에게는 특히 잊혀지지 않는 일이 하나 있다. 한 해의 전략을 발표하는 행사에서 임원 및 사원들이 너무 구태의연한 생각을 가지고 있고 회사에 대한 열정이 떨어진다면서,

"나는 한평생 내가 회사를 위해서 해야 할 일들을 적어서 그것을 안쪽 호주머니에 넣고 다닌다."라고 말하며 안쪽 호주머니에서 종이 몇 장을 꺼내 보였던 것이다.

그분은 한평생을 삼성생명에서 보냈고 삼성생명을 위해서 노력해 왔다. 지금 사원들의 호주머니 속에 과연 회사를 위해서, 아니 작게는 자신을 위해서 해야 할 일들을 적어서 넣어 놓은 것이 있는가를 자문해 보았을 때에 그분이 존경스럽기만 하다.

삼성생명 간부는 뭐가 달라도 달랐다

당시 과장은 초임 과장이었는데, 지금의 부장이나 이사들이 할 일도 처리해 낼 수 있을 만큼 유능했다. 보고서 30장짜리 정도면 10분도 안 되어 그 내용을 다 파악하는 것 같았고, 8명 정도 되는 사원들의 업무를 담당자들보다도 더 심도 있게 파악하고 있었다.

▌ 첫 부서를 잘 만난 행운

내가 본사에 첫 배치를 받은 부서의 임원과 간부, 그리고 선배들은 그 후 다른 부서에서 만나 보지 못할 정도로 능력도 있고 인간적으로도 품위가 있는 사람들이었다. 개인적으로 본다면 더 훌륭한 사람들도 다른 부서에 있었겠지만, 부서 전체적으로 본다면 우수한 사람들이 다 모인 부서였던 것 같다. 그때 계셨던 임원은 전형적인 삼성의 임원상을 심어 주었다. 사장실에 가기 싫어하는 임원도 있지만 항상 사장실에 새로운 것을 기획해서 가지고 들어갔다. 사장이 안 된다고 한 일도 문을 살며시 열고 들어가서 달라붙는 바람에 그 정성에 감동되어 통과된 일도 있었다고 한다.

아침에 출근을 하면 항상 전무실로 찾아갔다. 전무실에서 신문을 보면서 이런저런 이야기를 하다가 업무에 대해서도 중요한 포인트를 잡아 나온다고 했다. 하다못해 어떤 행사가 있으면 거기서 무슨 선물을 할까에 대해서도 사전에 넌지시 물어보고 나오니 쓸데없는 데에서 불합격을 받지 않는 것이다. 틈만 나면 사장실로 전무실로 다녔었는데, 다른 모든 면에서도 탁월한 능력을 가지고 있었던 것 같았다. 당시 과장은 초임 과장이었는데, 지금의 부장이나 이사들이 할 일도 처리해 낼 수 있을 만큼 유능했다. 보고서 30장짜리 정도면 10분도 안 되어 그 내용을 다 파악하는 것 같았고, 8명 정도 되는 사원들의 업무를 담당자들보다도 더 심도 있게 파악하고 있었다. 업무에다가 조직관리는 물론이고 의자에 앉아 있는 자세도 며칠간 밤을 새우다시피 일을 해도 조금도 흐트러지지 않았고, 상사로부터도 높이 인정을 받았었다. 단, 너무 완벽하다는 것이 흠이라면 흠이었고 업무에 매진할 때에는 찔러도 피 한 방울 나오지 않겠다고 느낀 적도 있었다. 선배들도 다 능력 있고 성품도 좋았다. 선배들은 다른 사람들이라면 보름 이상 걸려도 제대로 내지 못하는 보고서를 2, 3일만 하면 써 내었다. 그 선배들에게서 배운 것은 업무도 업무이지만 직장인의 자세에 대한 것이 많았다. 내 생각으로는 상사 안 보는 데에서 한 번쯤 짜증을 낼 만도 한데 그런 모습은 한 번도 볼 수 없었고, 분명히 자신의 일도 챙겨야 하는데 동료의 일을 자신의 일보다 먼저 챙겨 주었다. 술을 마시러 가서도 몇 년 동안 단 한 번도 실수를 하거나 남의 비위를 건드리는 일이 없었고, 고스톱을 치러 가면 나만 승부욕이 있을 뿐 다들 게임 자체만 즐겼다.

그 사람들과 함께 했던 몇 년간은 회사에 대해서, 업무에 대해서 무엇을 고민해 본 적이 없었다. 어찌 보면 그런 사람들과 근무했다는 것이 행운이었던 것이다.

▌ 삼성생명 간부는 뭐가 달라도 달랐다

신입사원 시절에는 부서의 막내인지라 다른 부서를 내 집처럼 들락날락 거리며 다녔다. 그 덕분에 사람들을 많이 만나거나 멀리서라도 볼 수 있었는데 '삼성생명 본사에서 과장 이상을 맡으려면 뭐가 달라도 다른 점이 있구나.' 하는 생각을 자주 했다. 당시 영업 부서에 동기가 있었는데, 그 동기는 항상 자기 부장 자랑을 했다. 부서 일을 혼자서 다 한다는 것이었다. 부장이 부서 일을 도맡아한다는 것은 어떻게 보면 좋지 않은 점이 될 수도 있는데, 그 정도로 삼성생명의 영업은 그 부장의 손 안에 있다는 말이었다.

그분은 설계사들의 수당을 조정하는 데 있어서 어느 상품을 얼마만큼 팔면 얼마만큼의 수당을 주어야 회사에서 가장 적절한 이익을 내면서, 동시에 설계사에게도 일할 의욕을 줄 수 있을까 하는 문제가 머릿속에서 금방 답이 나온다고 했다. 수당 체계 문제는 사원들이 PC로 며칠간 풀어도 답이 잘 안 나오는 것을 집에 가서 계산기로 다 계산해서 다음날 아침에 가지고 온다는 것이었다.

그 정도의 능력을 가진 분이 매일 밤늦게까지 일하니 사원들이 죽어나는 것이 문제이기는 했다. 다들 알다시피 '똑똑하고 부지런한 장군'의 부하들은 고달픈 것이다.

인사 부서의 한 과장도 대단했다. 인사 부서의 특성에 맞게 사람들의 이름과 얼굴을 기막히게 잘 외웠는데, 나 같은 신입사원들도 몇백 명 정도는 다 기억했다. 술을 마셔도 항상 글라스에 따라서 자기가 제일 먼저 마신 후에 돌리는 스타일인데 주량이 엄청났다. 술을 마신 후에는 후배들을 데리고 자기 집으로 가서 대접하는 것으로도 유명했다. 새벽 2시에 부하들을 데리고 집으로 가도 사모님이 불평 한마디 없이 최고의 술상을 차린다는 말을 들었다. 술을 아무리 많이 마셔도 새벽에 사우나까지 하고 제일 먼저 출근하여 혈색이 더 좋고 웃는 얼굴로 부하 사원들의 아침 인사를 받았다. 지금은 지점장으로 일하고 있는데 역시 타고난 친화력과 통솔력으로 영업에서도 탁월한 능력을 발휘하고 있다고 한다.

삼성생명 최고의 뚝심

회사에서 보통 9시 넘게까지 일을 하고 집에 가서도 일을 하는 것이다. 술을 먹고 들어가서도 새벽 4시에는 일어나서 새로 나온 책을 읽거나 업무 구상을 한다고 했다. 아무리 보아도 평균 수면 시간이 4시간을 넘지 않는 것 같았다.

▌집에 가면 회사의 캐비닛이 또 하나 있어

한때 모셨던 부장도 생각이 난다. 일본 주재원 출신으로 일본어를 일본 사람보다 더 잘하는 그 부장은 회사를 위한 충성심과 일에 대한 열정과 끊임없는 연구열은 아무도 못 따라갈 듯싶다. 일 욕심이 많고, 일이 잘 진행되지 않으면 무서울 정도로 화를 내는 단점은 있었지만, 그래도 돌아서면 다 잊어버리기 때문에 뒤끝이 없는 분이었다. 이분의 집에 가면 서재에 회사에 있는 문서함과 똑같은 책장이 있다는 말을 들었다. 퇴근하고 나서 집에서도 회사 일을 계속하기 위해서는 자료들이 많이 있어야 하는데, 원본은 회사에 비치해야 하니 복사본을 집에 그대로 마련해 놓고 일을 한다는 것이었다.

회사에서 일을 하면 될 것을 왜 집에서 하느냐고 궁금해하는 사람도 있겠지만 회사에서 보통 9시 넘게까지 일을 하고 집에 가서도 일을 하는 것이다.

술을 먹고 들어가서도 새벽 4시에는 일어나서 새로 나온 책을 읽거나 업무 구상을 한다고 했다. 아무리 보아도 평균 수면 시간이 4시간을 넘지 않는 것 같았다. 나를 비롯해서 사원들이 따라가지 못할 정도로 새로운 아이디어들을 내어서 지시를 했는데, 그 아이디어도 웬만한 고민을 하지 않고는 나올 수 없는 깜짝깜짝 놀랄 정도의 것들이었다.

▌ 그런 열정과 체력이 어디서 나오는지

한번은 일본에 함께 출장을 갔었다. 비행기를 타자마자 신문을 읽고, 잡지를 읽고, 필요한 자료를 챙겼다. 일본 공항에 내리자마자 일본 잡지 서너 권을 사서 동경 시내로 가는 기차 안에서 다 읽었다. 다른 사람 같으면 하루에 두세 군데 들르기도 힘든데 다섯 군데, 여섯 군데의 거래처를 방문했다. 혹시라도 자투리 시간이 나면 언제 갔다왔는지 서점에 가서 업무와 관련된 일본 책을 열 몇 권씩이나 사왔다. 출장 보고서는 호텔에서 작성하거나 돌아오는 비행기 안에서 작성했다. 개인적으로는 다시는 함께 출장을 가고 싶지 않을 정도였다. 언젠가는 신규사업을 하던 중에 사장이 그 일을 반대했다. 그러나 그 일을 밀어붙이기 위해서 일본에 가서 일본 회사들의 사례를 조사해 오기로 했다. 부장은 업무가 다 끝난 후에 저녁 비행기를 타고 일본으로 향했다. 출장 보고서를 보면 그 이튿날 많은 회사를 방문했음을 알 수 있었다. 그리고 당일 저녁 비행기로 역시 서울로 날아왔다. 그 다음 날 아침에는 출근을 했는데, 하루 종일 출장 갔다온 자료를 직접 PC로 보고서를 작성하여 보고를 끝냈다. 이렇게 한 결과 그 신규사업은 사장의 결재를 받아

실행에 들어갔는데, 지금도 잘 운영되고 있는 것으로 안다.

▌ 부장이 사원들 앞에서 PC로 프레젠테이션을

연초의 일로 기억된다. 부서원들이 올해는 무슨 일을 하고 싶다고 한마디씩 하는 자리였다. 다들 간단하게 자기의 계획이나 포부를 한마디씩 했는데, 부장의 차례가 되자 그는 한 해 동안 추진해야 할 일들을 집에서 정리해 보았다고 했다. 그러더니 갑자기 휴대용 PC를 꺼내는 것이 아닌가? 그 당시만 하더라도 '파워포인트'라는 소프트웨어를 몇몇 사원들만 할 줄 알았지, 부장들은 아예 PC를 잘 다루지도 못하는 정도였다. 그런데 부장이 집에서 파워포인트로 그해 추진해야 하는 주요 업무를 작성해 왔던 것이다. 그리고 사원들 앞에서 화면을 직접 넘겨 가면서 프레젠테이션을 하였다. 저절로 고개가 숙여질 뿐이었다. 체육대회 때의 일이었다. 부서별로 응원전을 하며 흥을 돋구는 자리였는데, 부서원들이 약간 군기가 빠진 탓인지 다른 부서에 비해 통 분위기가 살아나지 않았다. 임원도 약간 썰렁하다고 느낄 것 같은 순간에 부장이 나섰다. 직접 응원 단장 역할을 맡아서 삼삼칠 박수를 치도록 제스처를 하였다. 눈시울이 찡해 왔다.

나도 저런 간부가 되어야지

그날 과장의 담당은 쓰레기를 치우는 것이었다. 과장이니까 지시만 해도 되는데 팔을 걷어붙이고 구정물에 손을 넣기도 하고 쓰레기를 안고 나르기도 했다. 그러니 약간 고참 대리라고 생각했던 나도 더 열심히 하지 않으면 안 되었다.

▌ 한 달 만에 전 사원을 구워 삶아

1년 정도 함께 일했던 선배이자 과장이 있었다. 그전부터 잘 알고 있었는데 내가 있는 부서로 온 것이었다. 원래 똑똑하고 '마당발'이라는 것은 알고 있었지만 옆에서 직접 보니 뭔가 남다른 점이 보였다. 부서에 전입해 온 지 불과 한 달 만에 수십 명의 사원들을 다 구워 삶는 것이었다. 술도 먹고, 당구도 치고, 사우나 가서 고스톱도 치면서 사람들과 친해지는데, 놀라운 것은 부장, 주위의 고참 과장, 나 같은 대리는 물론이고 신입사원과 여사원에 이르기까지 입을 모아서 그 사람의 명랑함과 친화력을 칭찬할 정도가 되었다. 그동안 분위기가 침체되었던 부서의 활력소가 되었다. 다른 부서와의 협조도 잘 이끌어냈다. 예를 들어 그 부서는 별로 '정치'를 잘 하지 못하는 부서라서 복사기 한 대를 신형으로 바꾸는 데에도 나설 사람도 없고, 그럴 역량이 있는 사람도 없었다. 그런데 그 과장이 나서서 비용관리 부서와 협의해서 복사기를 바꿀 수 있게 해 주었다. 그 부서 출신이었기 때문이다.

체육대회 때의 일이었다. 평소에 사원들이 할 일도 자기가 하면서 솔선수범했는데 그날도 마찬가지였다. 그날 과장의 담당은 행사 후 쓰레기를 치우는 것이었다. 과장이니까 지시만 해도 되는데 팔을 걷어붙이고 구정물에 손을 넣기도 하고 쓰레기를 안고 나르기도 했다. 그러니 약간 고참 대리라고 생각했던 나도 그보다 더 열심히 하지 않으면 안 되었다.

▌속기와 통역은 흉내도 못내

그 과장은 남다른 특기도 많았다. 직전 부서에서 회의 담당을 할 때에 회의 내용을 기록하던 훈련이 잘 되어서 회의 내용을 하나도 빠짐없이 기록하는 것이었다. 한번은 부장이 이것저것 마음에 안 드는 일들을 쭉 설명했는데, 거의 두 시간이 넘도록 이야기가 계속되었다. 과장은 그것을 하나도 빼먹지 않고 기록하여 몇십 장이 되는 자료가 되었다. 그 후에 이를 참고로 하면서 일을 추진하였다. 일본 지역 전문가 출신인 그 과장은 그전부터 통역을 잘한다고 소문이 났었다. 나도 역시 지역 전문가 출신이지만 통역을 잘하기란 그렇게 쉽지가 않다. 조금 나은 사람도 있고 조금 못한 사람도 있지만 나의 경우에는 통역을 할 때에 발언자 말의 70% 수준만 통역을 하거나 그보다 못하다고 스스로 생각한다. 그런데 그 과장이 통역을 하는 것을 보면 99% 이상 정확하게 한다는 것을 알 수 있었다. 말하자면 토씨 하나 안 틀리고 발언자의 의중을 그대로 전달하는 것이다. 일단 기록을 100%하는 능력이 뒷받침되니까 가능하다고 본다. 나는 회의 내용을 다 받아적고, 통역을 99% 정확하게 하는 능력 뒤에는 무엇인가 있다고 본다. 그것은 다름이 아니라 남보다 '총명'하기 때문이라고 생각한다.

▌후배를 위해서라면

통역을 잘 한다고 다 후배에게서 존경을 받는 것은 아니다. 행사를 진행하다 보면 내가 차량을 준비한다든지 회식 준비를 하느라고 통역하기가 힘든 경우가 있다. 그럴 때면 다른 사람에게 부탁을 해야 하고, 심지어는 이웃 부서 사람들에게도 부탁할 때가 있다. 그런데 누구든 통역하기를 좋아하는 사람은 없다. 몇 시간 동안이나 정신을 집중시켜야 하고, 목이 아프도록 떠들어야 하는데다가 높은 사람 앞에서 바른 자세로 앉아서 말해야 하기 때문이다.

대부분의 사람들은 통역해 달라는 요청을 거절하기가 예사이고 특히 사원이 과장에게 부탁하는 것은 힘이 드는 일이다. 그런데 그 과장은 내가 부탁을 하면 언제나 기꺼이 해 주는 것이었다. 그것도 아무런 생색도 내지 않고 그냥 해 주었다.

▌과장이 남으면 같이 남겠다는 여사원

그 과장은 임원에게도 사원들이 무엇이 불만이며, 임원이 어떻게 해 달라는 직언도 했고, 너무 강경해서 사원들이 어려워하는 부장과 사원 간의 다리도 놓아 주었다. 내성적인 성격이 많았던 사원들도 과장을 믿고 따르기 시작했다. 과장과 같이 노래방에 가면 사원들이 기가 살아서 서로 어깨동무를 하고 신이 나서 큰 소리로 노래를 불러 댔다. 여사원들도 그랬다. 연말에 한 여사원이 다른 부서로 옮기는 문제를 놓고 고민하게 되었다. 다른 부서로 가고 싶어했던 그 여사원이 나에게 과장이 계속 이 부서에 남아 있으면 나도 남을 수 있다고 고백했다. 그만큼 그 과장은 사원들이 함께 일하고 싶은 간부, 자신을 믿고 맡길 수 있는 간부였던 것이다.

회사 생활을 하면서 유능한 간부, 상사로부터 인정을 받는 간부, 부서원들에게 인기가 있는 간부 등 많은 사람들을 보아 왔지만 '내가 과장이 되면 저런 과장이 되어야지.' 하고 생각한 것은 바로 그 과장이었다.

삼성생명 각 부서마다 이처럼 능력 있고 회사를 위해서는 자신을 희생시킬 줄 아는 사람이 몇 명씩은 있고, 나머지 사람들은 그런 사람들과 경쟁하고 서로 돕는 가운데 발전하게 됨으로써 오늘날의 삼성생명이 있다고 믿는다.

그래도 설계사의 공이 제일 커

업적이 좋지 않아 자존심을 상해하면서도 하루도 빠짐없이 출근하는 사람, 아기 맡
길 데가 없어서 손을 잡고 나오는 사람, 남편이 보험 영업하는 일을 싫어하니까 집에
일찍 들어가야 한다는 사람, 아이들 소풍 때 한 번도 같이 못 가서 아들만 보면 미안
한 생각이 든다고 하던 사람 등 어느 한 명도 소중하지 않은 사람이 없었다.

　　지금의 삼성생명을 키워 온 데에 대해서 누구의 공이 더 크냐 작으냐 하는
문제를 논하는 것은 무의미하다. 1만 명에 가까운 사원 한 명 한 명이 회사
를 위하지 않은 사람이 어디 있으며, 조직의 발전과 안정을 위해서 개인의
이익을 양보하지 않은 사원이 어디에 있겠냐 싶다. 그럼에도 불구하고 나는
삼성생명의 경쟁력은 뭐니뭐니해도 보험영업 부문에 있다고 생각한다.

　　보험영업 부문에는 영업소장들이 있고, 소장을 이어갈 총무라는 이름의
사원들이 있고, 또 여사원들이 있다. 그리고 그 위에는 몇십 년 동안 삼성생
명의 빛과 소금, 아니 거름이 되어 온 설계사들이 있다. 이 설계사들의 노고
를 빼고는 삼성생명 보험영업의 경쟁력이나 발전의 원동력 등을 논할 수 없
다고 본다. 나는 보험영업에 몸담지 않아서 그들이 얼마나 열심히 일하는지
피부로 실감하지는 못했다. 그래도 그들의 노력과 희생이 어느 정도인지는
잘 안다.

▌설계사들과의 만남

입사 후 신입사원들은 한 명의 예외도 없이 영업소로 배치되어 총무 생활을 하면서 보험영업의 기초를 닦는다. 나는 한양대학교 앞에 있는 한 영업소의 총무로 4~5개월 정도 근무하였다. 당시 소장이 총무의 능력을 키워 주고자 하는 마인드가 있었기 때문에 일주일에 두 번 정도는 나에게 조회를 하라고 맡기고 시책도 짜 보라고 했다. 말주변이 없는 나의 안주머니 속에는 조회거리를 깨알같이 메모해 놓은 수첩이 있었다. 적어도 일주일 분량의 조회 내용은 비축해 두었었다. 외국 소설《노란 손수건》을 이야기해 주고는 고객에 대해 내 쪽에서 먼저 포기하지 말고 마지막까지 최선을 다하면 고객이 언젠가는 집 앞 나뭇가지에 노란 손수건을 눈부실 만큼 많이 달고 여러 분들을 기다리고 있을 것이라는 이야기를 했던 기억이 난다. 일이 힘들다고 힘겨워하는 사원들에게는 '와신상담(臥薪嘗膽)', 즉 목적을 이루기까지는 장작개비 위에 누워서 곰 쓸개의 쓴맛을 보면서 그 목적을 잠시도 잊지 않았다는 얘기도 했다.

고객과의 상담 중에서 자존심이 상하는 일이 있더라도 참고 또 참으라는 의미에서 이런 이야기도 해 주었다. 삼국지에서는 유비(劉備)가 조조(曹操) 앞에서 자기는 경계할 필요가 없는 소인배라는 것을 보이기 위해 천둥소리에도 놀라는 겁쟁이로 비치는 수모를 당하기도 했으며, 중국의 한신(韓信)이라는 인물은 살아남기 위해서 적의 가랑이 사이를 기어들어갔다 나오면서도 이를 깨물고 참았다는 이야기도 해 주었다.

▌시책도 잘 짰는데

하루는 소장이 불러서 '시책'을 짜 보라고 하였다. 시책이라는 것은 보험을 판 실적에 대해 급여 이외의 인센티브를 주어서 더욱 열심히 활동하라고 독려하는 것이다. 그것이 영업소 배치받은 지 둘째 달 정도였다고 생각된다. 아무것도 모르는 나였지만 평소에 나름대로 생각해 둔 아이디어가 있었다. 당시에 나는 소위 '준비된 총무'였던 것이다.

나는 기존의 틀을 깨고 새로운 것을 시도하였다. 기존의 시책은 예를 들어 10을 해 오면 1을 시책으로 주고, 50을 하면 5를 주고, 100을 하면 10을 주는 형태였다. 물론 많이 하면 더 주는 경우도 있었지만 이 룰은 모든 사원들에게 공통으로 적용되고 있었다.

내가 생각하고 시행한 것은 먼저 평소 업적이 좋으냐 나쁘냐에 따라 설계사들을 약 3개의 그룹으로 묶어 목표 자체에 차별을 두는 것이었다. 그래서 잘하는 사람이 10을 하여 받는 시책을 못하는 사원은 5만 하여도 받을 수 있도록 능력에 따라 목표를 부여하여 도전의식을 심어 주었다. 그 다음으로는 매월 말일에 가서야 실적이 집중되고, 그전에는 소장이 노심초사하는 것을 막기 위해서 똑같은 업적이라도 그 달의 1주차, 2주차에는 가산점을 주기로 했다. 그리고 칠판 옆에는 실적표를 따로 만들어 붙이고 각 사원들의 이름이 적힌 스마일 표시의 원판을 매일 아침 실적에 따라 높이 올라가도록 붙여 주었다. 시책은 영업소에 따라, 설계사들의 연령이나 취향이나 그동안의 분위기에 따라 잘 먹힐 수도 있고 안 먹힐 수도 있는 것이다. 그 시책도 어찌 보면 유치한 것일 수도 있었다. 그런데 다행히 상당한 효과를 발휘했다. 소장에게는 미안한 말이 되겠지만 당시 그 영업소의 업적이 좋지 않은 편에

속했다. 월말까지 목표의 60~70%를 겨우 맞추는 정도였다.

그런데 이 시책을 쓰고 나서 첫 주에 목표의 30% 정도, 둘째 주에는 거의 60% 정도의 실적이 올랐다. 물론 월말까지는 그렇게 좋은 성적이 나오지는 않았다. 기억으로는 100%를 다 채우지 못한 정도였다고 생각된다. 같은 실적이라도 월초에 많이 올렸으니 소장은 얼마나 마음이 편했겠는가?

결과에 대해서는 어느 정도 자랑스러웠지만 그 다음 달에는 그 시책이 지속되지 않았다. 한 영업소의 '시책비'라는 정해진 파이를 가지고 업적이 좋지 않은 사원들에게 유리한 혜택을 주다 보니 그에 대해 불만을 가지는 사람도 있었기 때문이었다.

느닷없이 나 자신의 이야기가 나왔는데, 하여튼 나도 영업소의 설계사들이 발이 퉁퉁 부어오르도록 뛰어다니는 것을 보았고, 그들의 애로나 공로에 대해서 조금은 알고 있다는 것을 보이는 의미에서 신입사원 시절 영업소 생활을 말해 본 것이다. 업적이 좋지 않아 자존심을 상해하면서도 하루도 빠짐없이 출근하는 사람, 아기 맡길 데가 없어서 손을 잡고 나오는 사람, 남편이 보험 영업하는 일을 싫어하니까 집에 일찍 들어가야 한다는 사람, 아이들 소풍 때 한 번도 같이 못 가서 아들만 보면 미안한 생각이 든다고 하던 사람 등 어느 한 명도 소중하지 않은 사람이 없었다.

어느 설계사의 아름다운 이야기

종일토록 아픈 내색을 안 비치던 설계사가 차에서 내려 PD에게 단정히 인사를 하고, 그가 사라지자마자 곧 차에 기대어 무너지듯 주저앉아 버리는 것이었습니다. 미처 깨어나지 못한 마취와 수술 후유증 그리고 하루의 긴장이 한꺼번에 들이닥쳤던 모양입니다.

올해 삼성물산에서 삼성생명으로 옮겨와 육성소장을 하던 과장이 함께 일하는 한 삼성생명 설계사의 헌신적인 활동에 감명을 받고 사장에게 편지를 띄운 적이 있었다. 그 편지는 전 삼성생명 직원들에게 공개되었다. 편지 중 본문만 소개하고자 한다.

그분은 근래 목구멍에 손톱만한 종양이 발견되어 내내 힘겨워하시다가 3일간의 연휴를 기회로 지난 7월 마침내 한 이비인후과 병원에서 종양 제거 수술을 받았습니다. 전신마취를 시행했던 만만찮은 수술이었던 터라 모두들 걱정했습니다만 수술 후 당일 오후에 이분은 깨어나자마자 10일 동안 절대로 말하면 안 된다는(사실 지금도 여전히 말할 형편이 못됩니다.) 의사의 엄명을 받고 나서야 퇴원을 허락받았습니다.

바로 다음 날, 저는 그분과 동행을 나가게 되었습니다. 움직일 형편이 아니어서 내심 걱정이 되었지만 이미 한 달여 전에 약속된 일정이었고, 더구나 상대가 약속 일정을 쉽게 변경하기 어려운 텔레비전의 PD이다 보니 무리한 강행을 할 수밖에 없었던 상황이었습니다. 사실은 분당에 숲으로 둘러싸여 풍광이 제법 그럴싸한 식당이 있는데, 이곳의 주인이 TV 드라마 배경 촬영만 하게 해 주면 큰 금액의 월납 보험을 들겠다는 제의를 해 와 익히 알던 PD를 그곳에서 만나기로 한 날이었던 것입니다. 2시에 만나기로 한 PD의 갑작스런 약속 변경으로 저희는 하릴없이 그 식당에서 대기할 수밖에 없었는데, 잠시 저는 만나기로 한 약속 장소로 왔다갔다하고 있다가 깜짝스런 상황에 접하게 되었습니다. 바로 그 설계사(그녀는 저희 영업소 1반 팀장입니다.)가 그 식당의 주인과 머리를 맞대고 앉아 테이블 위에서 필담을 주고받고 있었던 것입니다. 상황이 상황인 만치 저는 어안이 벙벙해 있는 터인데, 놀랍게도 그 날 저는 식당의 주인과 주방장이 각기 몇십만 원씩의 재테크 보험 청약서에 서명하게 되는, 그리고 단 한마디의 말도 없이 오로지 필담으로만 활동하는 난생 처음으로 놀라운 설계사 분을 보게 된 것입니다. 그 숙연한 필담의 자세에 저는 어떤 비장감마저 느꼈으며 삼성생명의 무게가 비로소 가슴에 다가드는 것 같았습니다. 한마디로 그것은 감동이었습니다.

그날, 저녁 늦게서야 레스토랑을 둘러보고 건물은 예쁜데 진입로가 좀 좁은 것 같다는 PD의 애매한 대답을 안고 저희는 PD를 일산의 집까지 바래다 주고 오게 되었습니다. 거기서 저는 다시 한번 놀라야 했습니다. 종일토록 아픈 내색을 안 비치던 설계사가 차에서 내려 PD에게 단정히 인사를 하고, 그가 사라지자마자 곧 차에 기대어 무너지듯 주저앉아 버리는 것이었습니다. 미처 깨어나지 못한 마취와 수술 후유증 그리고 하루의 긴장이 한꺼번에 들이닥쳤던 모양입니다.

밤늦은 11시에 집으로 오던 중 내내 구토와 통증을 호소하던 그 설계사는 종내 집에 들어가지 못하고 저희 집에서 하루를 묵었습니다. 그리고 그 하루, 새벽에 도망치듯 가시던 설계사를 보고선 뒤늦게 저는 산다는 것을 대체로 느긋하고 만만하게 생각했던 저의 모든 일상행태를 깊게깊게 부끄러워하며 보냈습니다.

삼성생명 내에서 영업을 잘하기로 유명한 한 설계사 분의 일이지만, 그분은 물론이고 그보다는 감동이 적을지 몰라도 수많은 감동적인 설계사들의 헌신과 활동으로 삼성생명이라는 회사가 커올 수 있었던 것이다.

삼성생명 사원들의 생산성은 2, 3위사의 1.5배

2위사와 3위사 사원들 1.5명이 할 일을 삼성생명 사원들은 1명이 벌어왔고, 관리해 가고 있는 것이다. 2위사와 3위사의 경우도 나머지 30여 개 생명보험 회사와 비교해 본다면 생산성이 월등히 높은 편에 속하는데도 불구하고 삼성생명 사원들의 생산성은 그보다도 1.5배 높은 것이다.

▌ 삼성생명 사원들의 생산성은 2, 3위사의 1.5배

그런 설계사들과 동고동락하는 사원들이 있다. 바로 영업소의 소장과 총무, 그리고 여사원인 것이다. 그들이 얼마나 노력을 많이 하는지 일일이 예를 들 필요도 없다고 본다. 다른 보험사와 비교하여 상대적으로 얼마만큼 많은 실적을 올리고, 얼마나 많은 업무를 소화해 내는가를 보면 된다.

생명보험협회에서 발간하는 《생협지》를 보면 1998년 6월 말 현재 삼성생명의 임직원 숫자는 9,554명이고, 2위사와 3위사 두 개 회사를 합친 임직원 숫자는 14,415명이다. 그런데 그동안 삼성생명의 보험영업 부문에서 개미처럼 일해서 쌓아 놓은 총자산은 삼성생명이 34조 6천억 원으로 2위사와 3위사를 합친 33조 4천억 원보다 오히려 많은 것이다. 이 숫자를 보면 2위사와 3위사 사원들 1.5명이 할 일을 삼성생명 사원들은 1명이 벌어 왔고, 관리해 가고 있는 것이다. 2위사와 3위사의 경우도 나머지 30여 개 생명보험 회사와 비교해 본다면 생산성이 월등히 높은 편에 속하는데도 불구하고 삼성생명 사원들의 생산성은 그보다도 1.5배 높은 것이다. 그런데 회사에서는 툭하면 환율에 따라 들락날락하는 일본의 생명보험회사의 실적과 비교해서 삼성생명 사원들의 생산성이 낮다고 말하는 것이다.

▌삼성생명은 그냥 굴러가는 것이 아니다

이제까지 보아온 것처럼 삼성생명 본사에는 대한민국 그 어디에 내놓아도 뒤지지 않는 인재들이 회사를 위해서 자신의 이익과 몸까지 바쳐 가면서 일하고 있다. 보험영업 부문에서는 소장, 총무, 여사원 그리고 설계사들이 똘똘 뭉쳐서 밤낮을 불문하고 뛰어다니고 있다.

그런데도 혹시 삼성그룹 내에서, 비서실에서, 심지어는 삼성생명 내에서조차 '삼성생명은 사원들이 열심히 해서 잘되고 있다는 착각을 해서는 안 된다. 삼성이라는 좋은 이름 아래에 있기 때문에 가만히 있어도 굴러갈 회사에서 잘했다고 큰소리 치지 마라'는 식의 발상을 하고 있는 사람이 있다면 절대로 안 될 일이라고 말해 주고 싶다.

누가 감히 영업이 조금 어렵다고 해서 이들의 노고를 깔아 뭉개고, 이들을 길거리로 나가 앉게 할 것인가 묻고 싶다. 삼성생명이 잘 되어 온 데에는 그만한 이유가 있다. 지금 있는 임직원들과 설계사는 물론이고 몇십 년 전에 자기 돈 부어 가면서 영업을 일군 퇴직한 소장들과, 친척이나 친구들의 도움을 얻어 보험을 엄청 많이 팔아 놓고도 회사를 떠난 설계사들이 바로 그 밑거름이었던 것이다.

==================== 글을 마치며 ====================

▌ 삼성생명도 망할 수 있다

마음속으로부터 회장과 삼성인에게 꼭 한마디만은 하고 싶은 것이 있다. 그것은 다름이 아니고 '삼성생명도 망할 수 있다.'라는 것이다.

망한다는 것은 더 잘 될 수도 있는 회사가 능력을 제대로 발휘하지 못하는 것도 포함된다고 할 수 있다. 아무리 생각해 보아도 충분히 그런 가능성이 있는데도 그 말을 진지하게 생각해 줄 사람이 얼마나 될까 싶다.

▌ 삼성생명이라는 저수지의 물꼬를 바로 터 주길

삼성생명 양대 축 중의 하나인 자산운용 부문의 경쟁력이 낮은 편인데도 불구하고 오늘날의 삼성생명이 있는 것은 삼성생명이 지금보다 몇 배나 더 클 수 있는 저력이 있다는 반증도 된다고 본다. 그동안 그 엄청난 저력이 어디로 흘러가야 할지 방향을 못 잡았다는 생각이 든다. 삼성생명이라는 거대한 저수지 속에 우수한 자질의 '삼성인'이 충만해 있다고 본다. 누군가가 거기에 조그만 '물꼬'만 터 주면 그 엄청난 저력이 한 방향으로 터져나갈 것이라고 믿는다.

▎'정치인'도 한마음으로

그리고 나는 이 책에서 '정치'에 물든 사람들을 많이 비판했다. 그렇지만 세상이 변하고 나아갈 방향이 정해지면 그런 사람이 가장 먼저 적응하고, 삼성생명의 경쟁력을 앞장서서 끌어올릴 것이라고 믿어 의심치 않는다. 경험적으로 볼 때에 그런 사람들의 능력이 그렇지 않은 사람들보다 더 뛰어나다고 판단되기 때문이다.

▎삼성 배지를 자랑스럽게 달고 다니길

1997년 말부터 삼성 사람들이 삼성 배지를 잘 달고 다니지 않는 것 같고, 회사에서도 별로 강요하지 않는 듯하다. 스스로 책상 서랍 속에서 잠자고 있는 배지를 꺼내어 자랑스럽게 달고 다니기를 바란다.

▌ '달리는 기관차'를 세울 사람은

'달리는 기관차'를 잠시 세워서 비뚤어진 철로를 바로 놓은 후 다시 힘차게 시동을 걸 수 있는 기관사가 누구인지를 잘 생각해 주기를 바라면서 이 글을 마무리하고자 한다.

제1부 삼성문화

- 정신 교육
- 응원 하나만으로도 '삼성인'을 만든다
- 삼성문화
- '해태' 팬도 회사에서는 '삼성' 팬
- 일하는 분위기와 강도
- 신세대의 개성만은 살려 주어야

제2부 삶의 질

- 삼성생명에서는 IMF 전에도 지금처럼 일했다
- 7·4제와 삶의 질
- 꼬리에 꼬리를 무는 업무
- 일이 많은 사원은 마음이라도 편하다
- 아들 출산에 병원에도 못 간 사원
- 신혼여행보다 더 중요한 회사 일은 없다
- 삼성생명 사원 아파트

제3부 삼성그룹의 일원

- 요람에서 무덤까지
- 재벌에 대한 평가는 쉽지 않아

- 삼성생명 출신 사장도 경영을 잘했건만
- '유니텔'에서 볼 수 있는 삼성그룹 이야기
- 탱크주의 제품 'D망치'
- 삼성생명의 라이벌은 없다

제4부 비효율
- '조직 슬림화'는 불필요한 일 안 하는 것
- 책을 만들어 내기 좋아하는 풍토
- 일본 사람들에게도 영어 편지를 보내라
- 새로운 제도보다 있는 제도를 충실히
- 중복되는 제안이 16만 5천 건?
- '에어커튼 냉장고'는 내 아이디어였는데
- 제도를 위한 제도를
- 동원 봉사냐, 헌혈이냐

제5부 버블 경영
- 정신적 버블
- 버블 교육
- 버블 연수
- 버블은 언제든지 다시 살아난다

제6부 인사는 만사
- 관심이 필요한 사람들, 여성

삼성인 샐러리맨
삼성문화 대기업문화

제9부 회장

- '이건희 에세이'는 기업인의 모범답안

- 이건희 회장이 가장 잘한 일

- 삼성이 명심해야 할 회장의 말들